優渥叢書

優渥叢書

哲哲的ETF投資絕學

郭哲榮◎著

「下殺買、上漲賣」，左側交易
讓我從賠 500 萬到賺 1151 萬！

優渥叢書

CONTENTS

第3章

哲哲教你用 3 個操作策略，輕鬆拉高 0050 報酬率！

第4章

定期定額 × 長期複利，你也能「躺賺」5 千萬

第5章

【網友詢問解答】高股息 ETF 比 0050 香？錯！因為……

作者序

我只花 1 年多，就用 0050 從股市中賺進千萬！

真的很開心！我人生中第一本書，銷售兩週就成為各大書局中熱銷排行榜之冠，謝謝讀者們的熱情支持！

我是合格證券分析師郭哲榮，不少網路鄉民都叫我「哲哲」，也是經濟日報選股比賽單季報酬 188% 的紀錄保持人。經濟日報選股比賽公開舉辦超過 15 年了，從未有人打破我的紀錄。

目前我的 YouTube 頻道「郭哲榮分析師」，有 30 幾萬人訂閱，Line 粉絲人數高達 15 萬人，是全台灣分析師中最多的，相信有投資股票的人多少都認識我。

我在股市中打滾超過 30 年，成為分析師也已經 18 年，把多年在股票市場的精華，通通寫進這本書。如果你是一位投資小白，從未投資過股票，那麼希望這本書，能成為助你進入投資市場的敲門磚。

我投資的 0050（元大台灣 50），在大賺近 1200 萬之前，其實一度大賠快 500 萬，成為記者們報導的笑柄。但趨勢來了，該怎麼做我很清楚，就算全世界都在笑我，也依然堅持抱著0050，甚至還逆勢加碼，最後才成功大賺近1200萬。

我相信你看過不少投資書，都是標榜作者賺了高額報酬，但全台灣從來沒有人像我一樣事先公開操作，敢放話在某個點位買ETF，甚至在買進當天，直接秀出對帳單及券商帳號。這些都是沒辦法造假的，幾十萬人緊盯著我，也有相關影片和新聞佐證，網路上都能查詢到。

更不用說我還是先賠錢才賺錢，大部份人都是賺錢後才秀出對帳單，跟我承受的壓力完全不同！我花了一年多的時間寫這本書，希望它能對你有幫助。

一年有365天，你相信光靠0050這檔ETF，可以讓你「每天躺著」賺進3萬、一年賺進上千萬嗎？這聽起只有夢中會發生的事情，我憑多年在股市中廝殺的經驗和技術就輕鬆實現，並將操作智慧彙整在這本書中。

❖ 別人恐懼我貪婪，逢低買進0050

2022年因俄烏戰爭爆發、全球通膨高漲、聯準會升息緊縮資金等影響，台灣股市壟罩著恐慌氛圍，電、金、傳產皆無一倖免。

加權指數同年大幅修正，從年初的18,619高點，最低來到12,629點，跌幅高達5,990點。而2022全年下跌4,081點，創下歷史第2高的單年跌點記錄，跌幅22.4%也為史上第7大。那一波下殺讓不少散戶叫苦連天，市場壟罩著悲觀情緒。

許多專家名嘴也在媒體上秀各種論點，直指台股將跌破萬點、長期熊市來臨，呼籲投資人趕緊降低持股，注意風險。

但對我來說，這罕見的大空頭就像財神爺進門，我逆勢大力加碼老牌 ETF0050。因為不論從學術研究還是投資經驗，皆一再證實長期而言，大盤指數只會不斷向上、人類文明會不斷前進、經濟會不斷成長。而 0050 是追蹤台灣加權指數，因此當股市出現下殺時，非常適合逢低買進。

此外，ETF 還具備風險分散、交易方便、成本低廉等優勢。只要搭配有紀律的策略、正確的投資觀念，所有人都能輕鬆賺到錢。而這些心法，都在這本書中完整傳授。

我陸陸續續砸下 6000 萬買進 0050，隨後加權指數走出谷底反彈。就在短短一年之間，這 6000 萬投資部位快速增漲，淨獲利突破 1000 萬，將近 1200 萬。

我大方秀出對帳單證實績效，畢竟投資市場上爾虞我詐，哲哲我做任何事情都是有憑有據，更痛恨作假。從事分析師職涯近 20 年，我可以驕傲地說，從沒有胡說自己做不到的事。

讀者看到這邊，或許會有幾個疑問：

一，為什麼敢砸這麼多錢放在一檔 ETF，老師不都說，雞蛋不要放在同一個籃子嗎？

二，我戶頭裡又沒有 6000 萬，要怎麼賺到 1200 萬？

三，看這本書到底有什麼用？

事實上，用 6000 萬賺到 1200 萬，就是 20% 的報酬率。聽起來好像不多，但如果你有在買股，請看看手上的對帳單，你有辦法穩定賺到20%嗎？

我相信大部分人，都沒辦法在一年就賺到20%，畢竟全世界最強的投資人之一股神巴菲特，平均的年化報酬率也就20%左右。但如果你的績效，輸給我操作0050的報酬，請一定要把這本書看完，保證受益良多。

❖ 了解正確的觀念，才能做適合自己的投資

投資市場變幻莫測，我寫這本書的目的，是希望投資人看到機會與風險時，能始終保有冷靜及正確的投資觀念。如同我在2022年的操作：為何敢大膽買進0050？在眾人恐懼時我卻貪婪？

事實上，同樣的時間點，很多個股都漲了1至2倍。以同期間的台積電為例，我最後一次買進0050時，台積電收盤價397.5元，還不到400元；而當我賣出0050時，台積電股價已經來到574元。如果我買的是台積電，光是一張的價差，就可以賺到17萬元以上，報酬率高達44%。但受限於我是分析師，無法買賣個股。

賺錢對我來說易如反掌，畢竟年輕時就一路在股市中大殺四方，最後成功財富自由。我也知道，很多人只想知道如何能在短期內賺進大把財富，但這個想法實在有些不切實際。

我有能力做到，不代表你有能力；我有能力帶你做到，你不一定相信我；甚至你相信我了，卻不相信市場，那最後也會以失敗收場。

所以我希望能藉由這本書，教你最正確的投資觀念，了解自己適合哪種投資方式。早一天是一天，越早了解，就能越早開始你的

投資計畫。相信我，也要相信市場，時間會幫助你完成一切。

最後祝所有讀者，開始實施投資計畫後，都能夠財富自由，早日脫離為錢煩惱的苦海。

郭哲榮　2024.4

第 1 章

ETF 到底是什麼？
我為何進入 ETF 市場？

相信我，ETF 對你而言是最簡單獲利的工具。

1-1

我靠 ETF，一年內獲利 1151 萬

我現在的本業，是一位證券投資顧問的證券分析師。我在當分析師之前，早就已經從股市中賺到財富自由，對於個股的操作再熟悉不過。在這30年來的投資生涯中，見識過太多太多「妖股」，也深知股市的險峻，投資人若沒有相當程度的專業及判斷力，一不小心就會跟著陪葬。

許多個股的漲跌是沒有邏輯和理由的，法人與主力要某檔股票漲，它就得漲；要它跌，它就絕對一路南下。也就是說，個股的漲跌受人為因素控制相高，難以預料。

投資股市充滿風險，如果你正準備踏進股市，請先學會尊重市場。別以為能輕易戰勝股市，哲哲一開頭就要先讓你知道，股市風險總是來得很突然。

舉例來說，2022年爆發俄烏戰爭，全球股市面臨大幅修正，台股加權指數自然也逃不過風險。當時大盤從高點18,619點，跌到最

圖 1-1　2022 年加權指數走勢圖

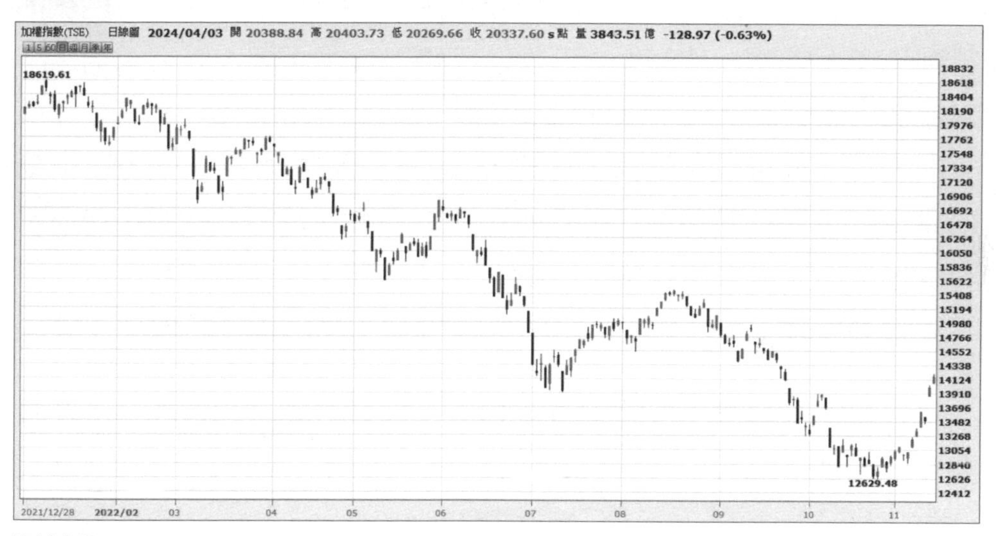

資料來源：XQ

低 12,629 點，總共下跌 5,990 點，跌幅 33%，加權指數不到一年就重摔逾 3 成，也創下歷史第 2 高的單年跌點記錄（如圖 1-1），下跌速度又急又快，足以讓許多買賣個股的投資人資產打對折，甚至直接從股市畢業。

進一步回顧最近 20 年間台股發生的黑天鵝事件，包括 2020 年全球爆發新冠肺炎，台股從 12,151 點下跌至 8,523 點，跌幅達 30%。2018 年爆發中美貿易戰，台股連續走跌 13 週，波段跌幅近 16%。2015 年中國股市崩盤，同期間油價大跌，拖累台股重挫 28%。

更早時還有 2011 年的歐債危機、2008 年金融海嘯、2004 年 319 槍擊案、2003 年 SARS 疫情等等。每次的特殊風險事件，皆讓市場恐慌情緒暴增，導致股市崩盤，個股更是跌得亂七八糟。

對於多數投資人來說，看到股市黑天鵝或股票崩盤時，往往都感到恐慌、害怕，甚至失去理性。不過對哲哲來說，看到大空頭降臨就像是財神爺進門，為什麼這樣說？

因為大跌時往往是大力加碼0050（元大台灣50 ETF，以下簡稱0050）的最佳時機！不論從學術研究角度還是績效回測，皆一再證實，長期而言大盤指數會不斷向上，特別是大跌後往往都會伴隨著更大的反彈上漲。相信我，人類文明會不斷前進，經濟會不斷成長！

另外，股神巴菲特的投資金句：「別人恐懼時我貪婪」。在我多年的實戰經驗中，也確定每當市場恐慌時，股票價格總是會被低估。在不確定該怎麼選股的環境下，以追蹤大盤指數為訴求的0050，成為這波最適合逢低買進的標的。

1-2

買 0050 先大賠，成為記者們的笑柄報導

2022 年市場壟罩悲觀情緒，當時台股不斷下跌，從萬八跌到萬五，再摔到萬二。當時為了提振投資人信心，我在直播解盤時就承諾大家，只要大盤敢跌破萬五，就敢砸 3 千萬進場，買進 0050。

2022 年 6 月 30 日，台股收盤價首度跌破萬五。所以我信守承諾，隔天 7月 1 日投入 3 千萬，以每股 115 元，敲進 261 張 0050（圖 1-2）。

不過我當時也預料，依照這種跌勢，之後再下跌的可能性相當高。因為那天是一個長黑 K 的開始，當跌破底部的時候，可能會深不可測。

但哲哲認為信用比什麼都重要，所以我還是用力買進。果然一買又繼續大跌，當天的收盤價只剩下 111.55 元，一天就賠掉快一百萬，成為很多網友和記者的笑柄（圖 1-3）。

圖 1-2 第一次進場買 0050

資料來源：XQ

圖 1-3 買進 0050 成為記者笑柄的新聞報導

中時新聞網

https://www.chinatimes.com › 財經

郭哲榮砸3000萬抄底台灣50...第一天秒賠100萬！ - 財經

2022年7月2日 — 台股跌破萬五，就要花3000萬買台灣50（0050）」摩爾投顧投資長郭哲榮上個月的豪言壯志掀起熱議，昨日台股大跌逾400點失守萬五，不少鄉民坐等對帳單。

資料來源：中時新聞網

投資經常是孤獨的，特別與市場觀點背道而馳時。好比買進 0050 被眾人嘲諷的當下，我可以完全不在乎。因為深知 ETF 的特性、洞悉市場長期向上的趨勢，我深信自己會是最後的贏家。

過沒幾天就傳來一個好消息：7 月 12 日晚上，國安基金召開臨時會議，宣布要進場護盤。國安基金何許人也？20 年來進場 6 次，這 6 次通通獲利出場，勝率 100%（如表 1-4）。

表 1-4 歷年來 6 次國安基金護盤動向

進場時間	投入金額（億）	進場指數	損益（億）	背景
2000/10/03	1227	5805	226	網路泡沫
2004/05/20	16	6359	35	319 槍擊案
2008/09/19	600	5641	319	金融海嘯
2011/12/20	424	6966	35	歐債危機
2015/08/25	196	7657	12	陸股暴跌
2020/03/20	7.57	8681	2.58	新冠疫情

因此，我趁機抓住國安基金進場的機會，7 月 14 日再投入 1 千萬，以每股 112 元，加碼敲進 90 張 0050（圖 1-5）。而國安基金也確實不是蓋的，這次加碼之後，大盤和 0050 就一路上漲，我的帳面損益也輕輕鬆鬆來到幾百萬。

哲哲小叮嚀

多留意國安基金動向，它是投資人的最佳戰友。

圖1-5 第二次攤平0050

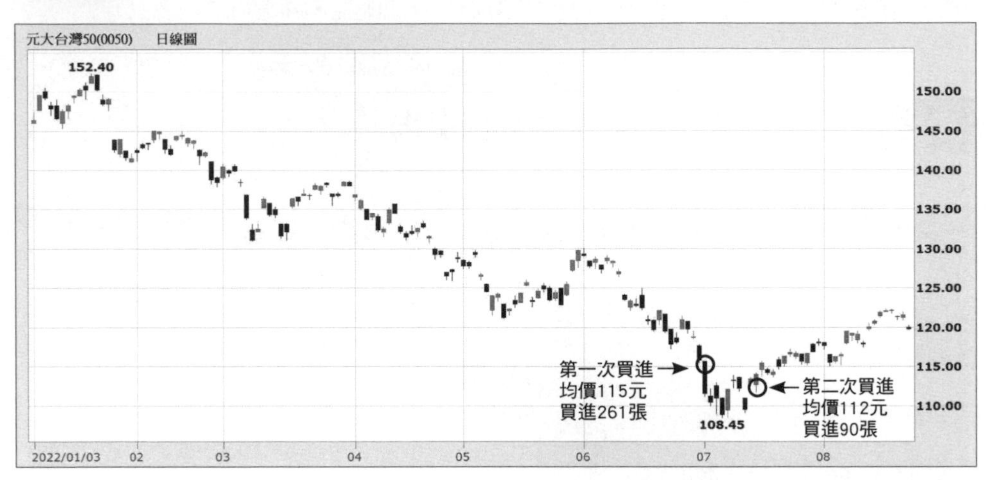

資料來源：XQ

我第一次買進0050是採用左側交易，也就是價格越低越買進，屬於逆勢交易。這也是巴菲特最喜歡的投資策略——若看好某檔公司價值被低估，應該趁便宜時大力買進。

第二次買進算是右側交易，因為看準國安基金進場，股價轉強可以越高越買，做這種交易最出色的大師，就是交易圈的「金融大鱷」索羅斯。當時我認為國安基金進場後，依據經驗可以確定底部，不太會有更大的利空。

那麼，故事到這裡就結束了嗎？怎麼可能！人生哪有一帆風順的？如同我一開始說的股市相當險峻，意外的到來，永遠都會比明天還早。

7月第二次加碼0050後，過了兩個月到9月底，台股又開始大跌，一路破底，真的是比坐雲霄飛車還刺激。到了10月12日，台股跌破一萬三千點時，我的帳上損益，從賺超過百萬變成賠近 5 百萬，就好比南柯一夢。

當時也有很多財經記者報導：郭哲榮砸幾千萬買進 0050 後，賠了 4 百多萬。再次成為市場笑柄的我依舊沒有氣餒，還答應大家跌破萬 3 時，要再度進場大買。所以之後我又加碼攤平，以每股 99.9 元，敲進 2 百張 0050，投入約兩千萬元（圖 1-6）。

圖 1-6 第三次攤平 0050

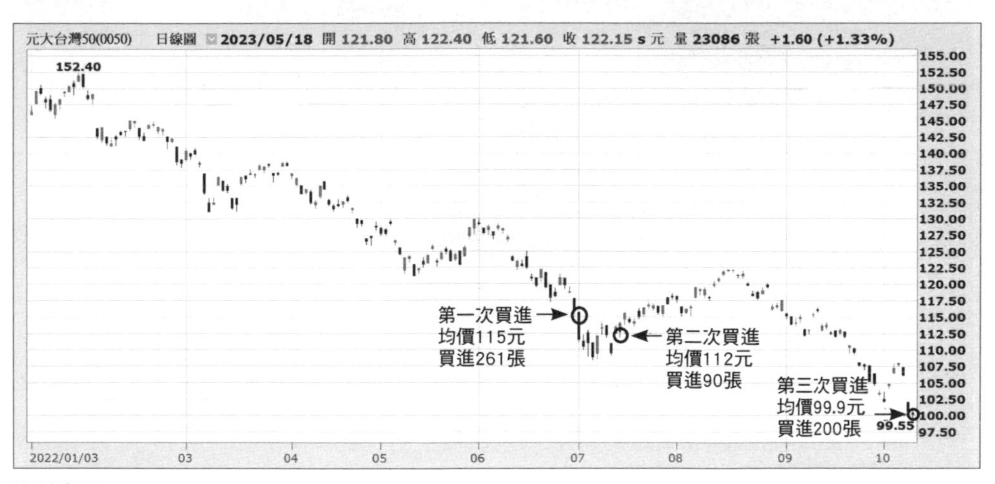

資料來源：XQ

隨後大盤算是很給面子，跌到 12,629 點以後，就沒有出現進一步破底的跡象，至此我的買進之旅結束：總共投入 6 千萬，買進 551 張台灣 50，每張的成本約為 108.8 元。期間因為有領到兩次股息，成本最後降低到每股 105.44 元。

有別於市場其他專家，我大方把帳戶對帳單秀出來，用行動證

明我敢在市場空頭時，逆勢大買0050（圖1-7）。

圖1-7 共買進551張0050，金額超過6千萬

當然也有很多人問我，如果當時大盤繼續破底崩跌會怎麼做？很簡單，我會繼續加碼。如果跌破萬一，那又如何？我會直接梭哈進場！賠500萬的時候，我甚至在節目上告訴大家，要踏著我的血前進。

後來如同大家所知的劇情，2023年AI大趨勢開始主導市場，加上俄烏戰爭情況受到控制、通膨受到壓抑，全球股市回到正軌，加權指數也走出大幅度的谷底反彈。而我的0050，在2023年5月29日，以每股127.55元賣出20張，並以每股126.6元賣出531張，總獲利1151萬元（圖1-8）。

圖 1-8　0050 全數獲利出場，獲利高達 1151 萬

這筆交易的年化投資報酬率大約是 22%，或許有人覺得聽起來一點都不多！但股神巴菲特的投資報酬率，也不過一年 20.1%。年化報酬率 22% 有多驚人？假設你有 100 萬，放 20 年後就會變成 5335 萬，放 30 年就會變成 3 億 8975 萬，財富自由了！

當然，當時我賣出後，仍有不少酸民質疑，為什麼這麼早賣？（酸民就是不論你做好做壞都有人嫌）。針對投資人的質疑，我也是直球對決，給出三點當時賣出 0050 的理由：

1. 我的策略是獲利千萬、兩成以上就走，維持投資紀律是在市場上活下去的鐵則。另外，超過千萬的獲利，已經達到讓一般人覺得還不錯的數字了。如同本章開頭所言，我的本業是分析師，想以

這次操作證明自己有實力，既然已經達到獲利目標就該出場。

2. 我想要更專注在本業，也就是分析師的職務上。因為0050達標以後，心情難免會受價格波動影響。之前大跌我都不怕，可是漲上去以後，太多人問我什麼時候要賣出。其實放越久，我越有信心能夠賺更多，但為了認真工作，早點出掉也沒什麼不好。

3. 我要證明自己的實戰能力是貨真價實。或許市場上有些人覺得我很臭屁，不過有時候僅是節目效果。事實上，我是經濟日報選股比賽188%的冠軍紀錄保持人。

很多人說經濟日報用一季就賺到188%的績效是虛擬的，不是真金白銀。但有操盤的人都知道，一季要賺到188%不是一般人能做到的。說實話，我有點被刺激到了，因此我真槍實彈買賣0050，就是為了向大家證明，只要抓住機會，要從股市中賺錢很容易！

身為分析師買賣個股是不被允許的，限制非常多，可能產生利益衝突。但買賣ETF是被允許的，因為它包含了一籃子的股票，基本上是沒有利益衝突的，沒有單一個股可以輕鬆影響0050。

1-3

在股市比的是「氣長」，賺快錢只能贏一時

如前所述，身為分析師無法買賣個股，但買賣 ETF 是被允許的，因為它包含了一籃子股票，基本上沒有利益衝突，畢竟沒有單一個股可以輕鬆影響 0050。

❖ 我敢事前預告，更不做 AB 單

我買賣股票都是事先預告，不同於很多財經網紅都是秀事後對帳單，沒有人知道那些是不是造假的。說真的我相當不屑這種行為，只有我這種敢提前預告的事前對帳單、敢秀自己帳號的，才值得大家信任！

也有網友質疑，能賺到上千萬是因為本金大，用 6 千萬去滾出來的，但一般人又沒有這麼多錢，要怎麼辦到？這邊想傳遞一個重要觀念，投資從來不是看賺到多少金額，而是要看賺了多少百分比。

以0050的這次操作來說，這筆交易賺了19.81%，實際持有時間不到一年，換算成年化報酬率大約是22%，這大概是股神巴菲特的績效了（巴菲特約20.1%）。

用風險極低的指數型ETF，一年就賺到約22%，是極高的報酬率。所以，這跟你有沒有6千萬無關，只要思慮夠清楚，每個人的財富都遲早能變成6千萬，甚至6億也不無可能。

我也聽到有人質疑：你們很多分析師秀對帳單，都是多空都做，用AB單。確實，我知道些人秀出的對帳單就是AB單，多空都做。

例如，某些財經網紅看似用股票作多賺很多錢，但其實在你沒看到的地方，也佈局了一大堆空單。這樣一來，不管股票上漲還是下跌，都有一邊會是做對的，能夠拿出來「表演」，這種行為實在讓人不屑。

此外，我在股市的獲利也會拿去捐款，這次0050獲利就捐了4個不同機構：慈濟基金會、家扶基金會、動物緊急救援協會、創世基金會。不論小孩、老人、動物、還是醫療相關機構，我通通照顧到了，總共捐出200萬元（圖1-9）。

如果我做AB單還捐出200萬，不就代表我不只賠手續費、證交稅，甚至還倒賠了200萬嗎？

這樣一點意義都沒有，更不用說你用各大券商交易時，應該都能看到0050根本沒有多少券能借，因為都被法人借走做避險了。我總共買了551張0050，但能不能從市場上空到50張可能都有問題。有邏輯的人就知道，不論是從交易成本、或是從券的張數來看，做AB單就是件吃力不討好的事！

圖 1-9　獲利後不忘捐款

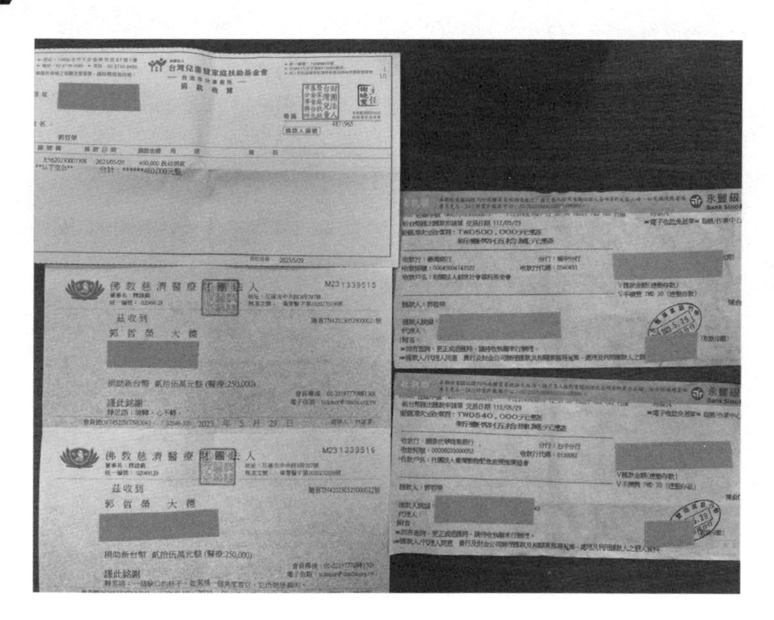

❖ 快速賺錢的投資，也可能快速破產

或許有人會說，一檔股票要放 20、30 年太久了，我想要短期致富！畢竟市面上多的是「如何用 10 萬元滾到 1 千萬」，這類聳動標題的財經書籍。大多數的人應該都認為，看這種書後能賺到更多錢吧！

但從 10 萬翻到 1 千萬談何容易？你真的認為，短時間能達到 1 百倍的報酬率嗎？俗話說「高報酬、高風險」，想要快速賺錢，同樣地也很可能快速破產，那何不用簡單的方式賺到穩定的獲利？

投資高手都知道，市場從來不是比誰賺得快，而是比誰的氣

長，惟有能長久在市場上「活著」，才是真正贏家。

我自己是用當兵期間存下的10萬元起家，在股市中賺到足以財富自由的金額。但我不會將這段經驗分享出來，為什麼呢？因為一般人根本做不到！

要知道，想要在短時間內賺到巨額財富，不只需要天賦以及無人能敵的直覺，還要精熟一大堆專業數據，例如籌碼怎麼看、公司財報怎麼分析、全球總經未來會怎麼發展等等。這其中，只要有一步出錯，就有可能讓前期的所有努力付之東流，容錯率實在是太低。

其次，想要靠投資賺大錢，只用買賣現股的方式速度太慢。因此需要利用高風險的槓桿工具，例如融資、期貨、權證。而這些工具又會帶給你時間壓力，所以不得不大幅提高周轉率，成為一個高頻率的交易者。

這種種交易策略綜合起來，對一般人來說談何容易。但是購買ETF，卻只要有心、有毅力，人人都可以做到。有簡單的方法讓大家一起賺錢，何樂而不為？

但我也要提醒投資人，投資市場變幻難測，ETF的交易便利性高、價格隨即跳動，一不小心就容易讓人頻繁買賣，變成短線交易。

要記住，ETF屬於一個偏長期操作的產品，過程中投資人或許會因為短暫的帳面虧損產生焦慮。就像我在2022年三次進場0050，短暫出現帳面虧損時，市場就把我的投資策略當作笑柄，但我堅定不移，因為深知自己會是笑著出場的贏家。

我也知道每年都有主動型（積極型）的投資人突然爆賺，績效大幅贏過大盤及 ETF。但我再次強調，穩定的績效才是關鍵，積極投資人今年好，不代表去年好，更不代表下一年能持有好表現。

就像航運股股價在 2020 年 7 月起飆漲至 2021 年 6 月，隨後一路下跌回到原形；2023 年市場開始聚焦在人工智慧（AI）題材、電動車概念股，但因為類股會輪動，績效很難持續擊敗大盤。

因此投資 ETF 不必去追隨時可能改變的潮流，只要取得接近市場的報酬，長期累積下來便會勝過大多數主動型投資人。

記住，成功的路上並不擁擠，因為能堅持下去的人不多。贏家往往就是那 20%，堅定自己的信念、善用正確的投資工具，每個人都可以我一樣獲致財富自由。

哲哲小叮嚀

堅定自己的信念、保持紀律操作，才能成為股市贏家。

第 2 章

哲哲賺進千萬的啟示，小白、散戶買ETF好處多多！

雞蛋不要放在同一個籃子裡，
投資ETF是一種最簡單的分散。

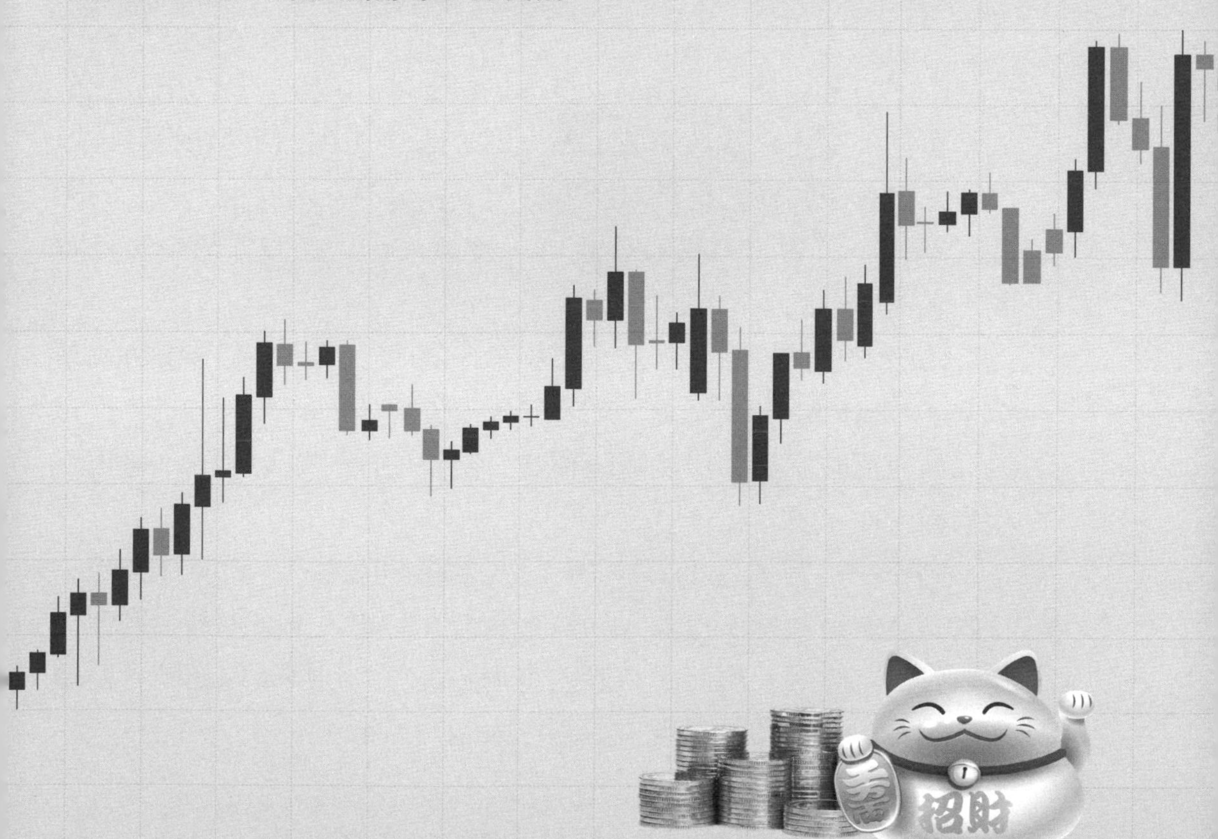

2-1 ETF 買進一籃子股票，用 0050 買進台灣 50 大公司

ETF 的全名是「Exchange Traded Fund」，中文為「指數股票型基金」。首先來看其商品定義：ETF 是一種由投信公司發行，追蹤、模擬或複製標的指數之績效表現，在證券交易所上市交易的開放式基金，買賣方式與股票相同，投資人可以在股票盤中交易時間，隨時向券商下單買賣。

由於 ETF 是「被動」追蹤指數，市場又稱它為「被動式基金」。相對於主動式基金，ETF 先天具備更便利的交易方式，投資人只要有開股票證券戶能隨時買賣，交易便捷、流動性佳，這也是我喜歡 ETF 的原因之一。

有不少投資人會把 ETF 與主動式基金搞混，在此簡單說明，主動式基金是將眾多投資人的資金結合在一起，再交由基金經理人負責投資、管理及規劃。持股內容依照經理人判斷，以超越大盤績效為目標，基金績效表現須視經理人能力而定。

而 ETF 是基金經理人按照追蹤指數篩選成分股，追求與指數一致的報酬。此外，主動式基金的交易方式是以每日收盤價淨值定價，透過基金平台或銀行買賣。

如表 2-1，綜合比較 ETF、股票與主動式基金，ETF 的最大優勢在於內扣費用最低。ETF 的證券交易稅（簡稱證交稅）為交易金額的 0.1%，只有股票的 1/3；經理費也因為是完全被動的投資，不需透過經理人進行人為選股和操盤，相較主動型基金來得更低。

表 2-1 ETF、股票與主動式基金比一比

項目	ETF	股票	主動式基金
投資方式	依照追蹤指數之規則，被動式選股	投資人自行買賣操作	基金經理人選股
追蹤指數	有	無	無
注意盤勢	不需要	需要	不需要
研究基本面	不需要	需要	不需要
交易手續費	0.1425%	0.1425%	0～3%
證交稅	0.1%	0.3%	無
經理費	0.1%～0.2%	0%	0.2%～3%
績效表現	視整體市場以及追蹤指數的變動而定	視個別公司經營狀況、股價波動而定	視基金經理人的投資選股能力而定
投資平台	證券商平台、銀行	證券商平台	基金平台、銀行
風險	低	高	中

由於ETF具分散風險、投資便利、交易成本低廉等優勢，已成為投資市場主流，截至2024年1月底，其市場規模已達4兆179億元，占整體境內基金規模6兆9746億元之57.61%。相較於112年1月底ETF市場規模2兆4728億元，增加了1兆5451億元，增長幅度達62.48%，規模成長快速，顯見我國投資人已將ETF視為主要的理財商品之一。

接著，細看ETF的名稱不難發現，每檔ETF的名稱前都冠有投信公司名字，也就是發行這支ETF的公司；而ETF名稱的後半部，後面通常代表追蹤的指數。

例如，追蹤「台灣50指數」的0050（元大台灣50），由名稱可看出是由元大投信所發行；而0050的報酬目標，就是盡可能貼近台灣50指數，讓投資0050就像直接投資台灣50指數一樣，獲得該指數的報酬率（如圖2-2）。

再舉個例子，復華台灣科技優息ETF，是由復華投信發行，所追蹤的指數是「台灣上市上櫃科技優息指數」。

同理，美國的VOO，全名為「Vanguard標普500 ETF」。由名稱可以看出，這是一支由Vanguard Group（美國先鋒集團）發行的ETF，而且是追蹤標普500指數（注），VOO與標普500指數的績效走勢完全一致。

為何說ETF是一種最簡單的分散？相信讀者都有注意到上述重點：**ETF的特色是追蹤、模擬或複製標的指數之績效表現。白話來說，每檔ETF背後都有一個要追蹤的指數**。一般而言，指數不會是由單一個股或投資標的所組成。以股票型ETF來說，其追蹤的指數，就是以一籃子股票所組成。

圖 2-2 0050 與台灣 50 指數

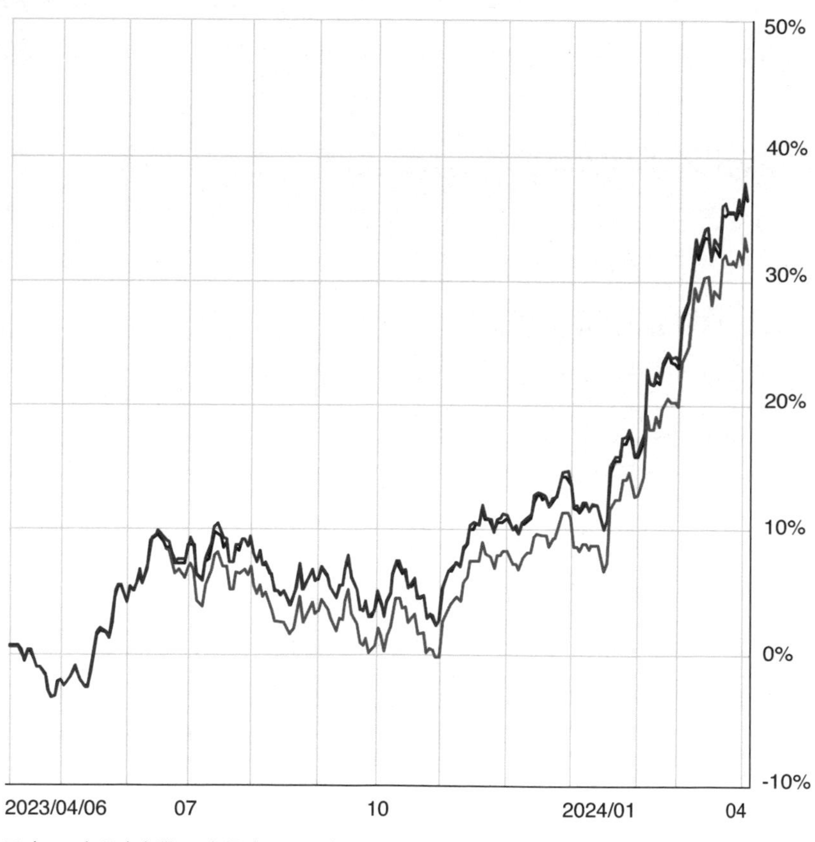

■（0050）元大台灣 50 市價（36.05%）　■（0050）元大台灣 50 淨值（36.25%）
■買進 50 張數（36.06%）

資料來源：MoneyDJ；統計至 2024/4/4

注：即 S&P 500，追蹤在美國證券交易所上市的 500 家大公司，涵蓋資訊科技、醫療照護、通訊服務、金融、工業等產業，足以代表衡量美國經濟的指標之一。

若要進一步探究，根據追蹤指標所購買的標的，ETF又可細分成不同種類，例如股票型ETF、債券型ETF（追蹤某個債券指數）、商品ETF（追蹤某個商品指數，如：黃金、白銀、石油）等分類。

再以老牌台股0050來說，便是追蹤「台灣50指數」。投資人可以輕易地從ETF公開說明書、相關網站，查詢在台灣掛牌的每一檔ETF背後所追蹤的指數（如：證交所ETF商品資訊）。

台灣50指數的編制規則，就是取台灣上市公司中，市值最大的前50家公司作為成分股，其成分股與比例，整理如表2-3。（資料來源：MoneyETF；統計至2024/3/30）

聰明的你發現端倪了嗎！沒錯，只要你買入0050，就等於一次買進上述50檔股票，投資人完全不用燒腦該選擇哪一檔股票。依照配置比例，買進台積電的比重最高，其次是聯發科、鴻海、廣達、台達電、聯電等。而這些權值股的漲跌，與加權指數的漲跌有非常大關聯，例如：假設台積電漲1元，從市值換算，大盤漲幅約達8點。

相近讀者已經知道哲哲下一步要說什麼，簡單來說，0050幾乎可以代表台股加權指數。換句話說，投資人如果今天看好加權指數會漲，那買進0050是最直接的方法。

或是認為台積電、鴻海、聯電、廣達這些股票都很喜歡，但卻不知道該買哪家公司時，那麼就直接買進0050吧，因為它包辦了50檔的一籃子股票。

巴菲特曾在2021年寫給股東波克夏（Berkshire Hathaway）的信中表示：「在短短232年的歷史中，沒有一個像美國這樣釋放人

表 2-3 0050 的 50 檔成分股

比重排名	個股名稱	投資比例（%）	比重排名	個股名稱	投資比例（%）
1	台積電	51.17	26	大立光	0.68
2	聯發科	4.86	27	欣興	0.68
3	鴻海	4.49	28	智邦	0.67
4	廣達	2.13	29	中租 -KY	0.66
5	台達電	2.01	30	世芯 -KY	0.65
6	聯電	1.67	31	華南金	0.64
7	中信金	1.65	32	國巨	0.63
8	日月光投控	1.5	33	開發金	0.6
9	富邦金	1.47	34	光寶科	0.59
10	中華電	1.31	35	台泥	0.58
11	兆豐金	1.27	36	台新金	0.58
12	國泰金	1.22	37	和泰車	0.57
13	玉山金	1.11	38	和碩	0.57
14	統一	1.02	39	緯穎	0.54
15	元大金	1.01	40	台化	0.52
16	緯創	0.97	41	台灣大	0.51
17	聯詠	0.94	42	研華	0.5
18	華碩	0.83	43	上海商銀	0.49
19	中鋼	0.81	44	長榮	0.47
20	第一金	0.81	45	亞德客 -KY	0.42
21	南亞	0.79	46	統一超	0.41
22	合庫金	0.76	47	遠傳	0.39
23	瑞昱	0.73	48	彰銀	0.34
24	台塑	0.70	49	台塑化	0.26
25	永豐金	0.68	50	南亞科	0.21

類潛力的孵化器，雖然出現過一些重大障礙，但我國經濟的進步仍令人驚嘆，我們堅定不移的結論是：永遠不要賭美國輸。」

白話來說，就是永遠不要放空美股，因為美國是一個長期趨勢向上的市場，波克夏搭上美國順風車，因此能夠一路成長至今。

拉回台灣，身處台灣的投資人，只要認為台灣投資市場的長期趨勢是向上，就可以投資具代表性的0050。投資策略就是「買進並持有」，任何短期下跌的時刻，都是低檔買進的好時機。

2022年我之所以敢重壓0050，就是因為深知ETF不同於個股，相對抗得住波動，更不用擔心像單一個股有下市、倒閉、違約等風險。當市場出現大幅下修時，在股市長期向上的假設下，ETF是最簡單又有勝率的投資策略。

哲哲小叮嚀

投資人要了解某檔ETF的性質，關鍵在於認識ETF背後追蹤的指數。

2-2

通膨大時代，你更應該要買 ETF

還記得你家巷口陽春麵一碗 15 元、滷蛋一顆 5 元的日子嗎？再舉個有感的例子，超商茶葉蛋剛開始販售時，一顆曾經是 5 元，後來漲價到 6 元，現在 10 元已經是基本價格。其他飲料商品更不用說，短短十年間，幾乎都暴漲兩倍。

圖 2-4 為最近 20 年消費者物價總指數的走勢圖，顯示近 20 年的物價從來沒有回檔過，持續攀升。但薪資有跟著通膨每年調漲嗎？相信大家心裡都有答案。

經濟學中，通膨是指一段時間內物價總水準的持續上漲，通常伴隨著貨幣貶值或購買力下降。而通膨對於股市投資有著重要影響，先說結論，投資人務必要有個觀念：通膨環境下，股市表現往往會比較好。

首先，讓我們先了解通膨與股市之間的關係。一般情況下，通膨的上升會導致貨幣貶值，投資人傾向於將資金轉移到實體資產

圖 2-4 2014 年到 2023 年消費者物價總指數

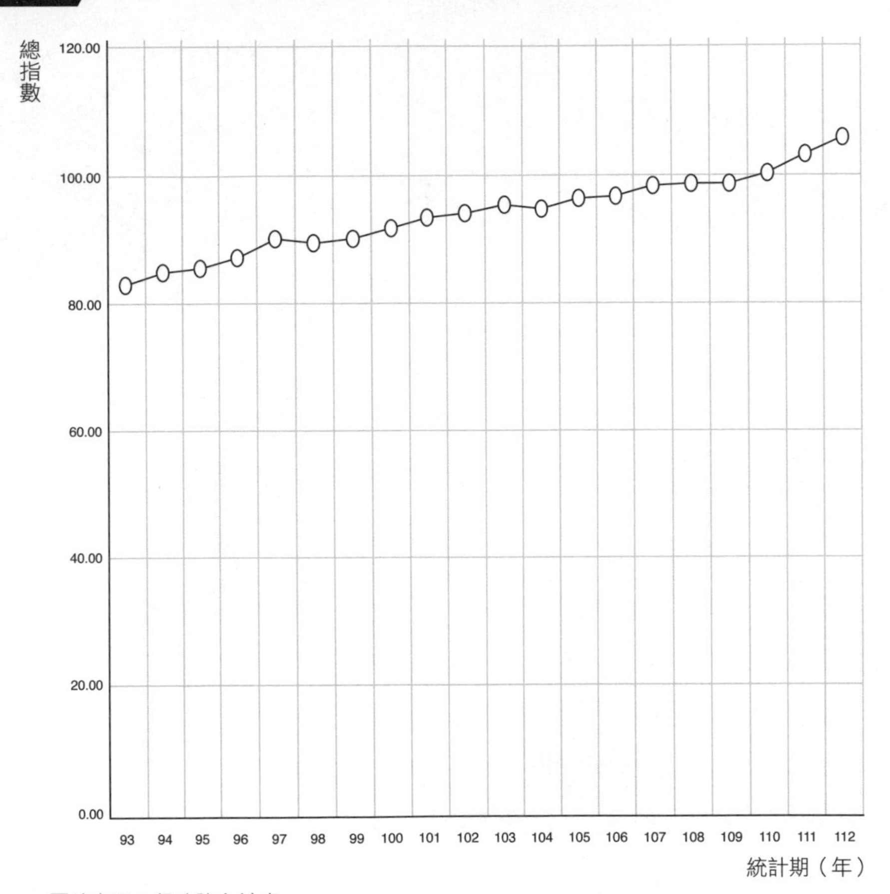

圖片來源：行政院主計處

中，也就是股票（沒錯，股票也被視為實體資產）。因此，股市在通膨環境下就會展現出一種支撐韌性，易漲難跌。

換句話說，以一籃子股票為標的的 ETF，也會呈現易漲難跌的特性。因此才說**在通膨環境下，你更應該要把市值型 ETF（例如**

0050）當作必投資的標的。

當然，投資人也要注意，並非所有通膨環境下都適合買進股票，通膨程度大小、通貨政策的調整、宏觀經濟情勢等因素，都會對股市產生影響。特別是當通膨惡化、高通膨的環境下，股市可能會面臨更大的不確定性和波動，例如：聯準會採取緊縮政策，抑制熱錢。

相信近期投資人對於 2023 年聯準會的瘋狗式升息，歷歷在目。當年 5 月 4 日凌晨兩點，美國聯準會正式決議將利率再調高 1 碼，來到 5% 至 5.25% 的區間。當時聯準會的升息速度，真的可以用「開火箭」來形容。

從 2022 年 3 月的 0% 至 0.25%，到 2023 年5月的5%至5.25%，短短一年又兩個月升息超過 5%。速度快到很多金融機構都反應不過來，美國的銀行就像骨牌一樣，一家接著一家倒閉。

同時間，各國股市也是哀鴻遍野。以台股大盤為例，2022 年從最高點 18,619 跌到最低點 12,629，將近 6 千點的跌點、32% 的跌幅，已經足以讓許多人從股市畢業。畢竟大盤跌 32%，買賣個股的投資人，資產可能早就打對折了。

有人畢業，就有人從中看到機會、撿到便宜。這本書就是想告訴大家，我是如何在台股大盤大跌時看到機會，靠著 ETF 用 6 千萬的資產，大賺 1151 萬出場的。

至於面對通膨環境，該如何理性地進行股票投資呢？哲哲從多年的投資經驗中，分享三個宏觀角度：

1. 投資人應評估通膨對經濟的影響，以及通貨政策走向。利率政策對股市走勢有深度影響，即便投資產品、ETF的設計再優秀，也敵不過大環境的利空。

2. 投資人應根據自身的風險承受能力和投資目標，了解適當的資金配置。在通膨環境下，瞄準一籃子股票的ETF，勝率往往會比重壓單一股票來得高。主要在於股票會隨著通膨全面水漲船高，尤其是具有穩定股息及業績佳的公司。

3. 投資人應保持頭腦清醒，不被市場情緒所左右，避免盲目跟風和過度交易。以ETF來說，較適合採取長期投資、逢低承接的策略。若市場因為恐慌而大跌，反倒要思考是不是一個進場撿鑽石的機會，就像哲哲在2022年的ETF操作。

2-3

市場中什麼事都有可能，別以為台積電就不會倒

我在寫書的當下，台積電占比 0050 的權重大約 48%。基本上，0050 有將近一半都是台積電的形狀，所以這幾年股市論壇中有一句名言，叫做「投資 0050，不如投資台積電」。

圖 2-5 是台積電與 0050 的走勢圖，可以發現兩者標的的漲幅、走勢，幾乎如初一轍。

如圖所示，2020 年 3 月至 2022 年 1 月，不到 2 年的時間台積電大漲 192%，同期間 0050 則是上漲 126%。

單看漲幅表現，或許真的不該投資 0050，應該投資台積電才對。因為 0050 中有 48% 的台積電，如果台積電表現不好 0050 也漲不動；但如果台積電表現好，0050 也不會漲贏台積電。那麼，投資 0050 真的不如投資台積電嗎？

跟你們說個事實，**0050 可以全壓，但我要負責任地告訴大家，千萬不能全壓台積電**。因為就算機率極低，它依然有倒閉風險。

圖 2-5 台積電與 0050 走勢對照圖

資料來源：XQ

資料來源：XQ

如同本章一開頭所說的，ETF 是匯集一籃子的股票，所謂「雞蛋不要放在同一個籃子裡」，ETF 就是代表這句話的產品。

❖ 以宏達電、雅新為例

話說回來，為什麼說即便台積電再優秀、是護國神山，也不能全壓？股市起起落落，讓很多人風光一時，也讓很多人一夕破產。相信很多老股民都記憶猶新，曾經的明星績優股宏達電（2498），就是近十幾年來最血淋淋的例子。

它曾經是紅極一時的台灣之光，也是當時的超級績優股，那時全世界沒人不知道宏達電，也就是 HTC 有多厲害，聲量甚至比發明 iPhone 的蘋果還高。沒想到股價卻從 2011 年 4 月最高點 1300 元，最低跌到只剩 20 幾元（如圖 2-6）。

股價在不到十年內崩跌掉 95%，市值蒸發 8 千億。不少股民當時重壓身家，最後家破人亡，更有股民因宏達電暴跌而跳樓的不幸

圖 2-6　2010 年到 2020 年宏達電股價走勢圖

資料來源：XQ

事件，令人不勝唏噓。

但你以為宏達電這樣算很慘嗎？錯，宏達電至少還沒變壁紙。如果是更資深的老股民，可能還會記得一檔在2007年下市的帝王級地雷股——雅新（2418）。

雅新是當年台灣市值前100大的績優股之一，被選入追蹤台灣中型100指數的0051（元大中型100）。它曾經是典型的熱門績優股，不料最後下市變成壁紙，而且就發生在短短幾天之內。

最近十年才入市的投資朋友們，可能不太清楚雅新是什麼股票，也不曉得雅新發生過什麼事，現在就讓我一一告訴你。

先來看看圖2-7雅新這恐怖的走勢，從2007年4月4日開始，連續重挫到2007年5月4日，短短一個月之間出現20根跌停。隨

圖2-7 雅新股價走勢圖

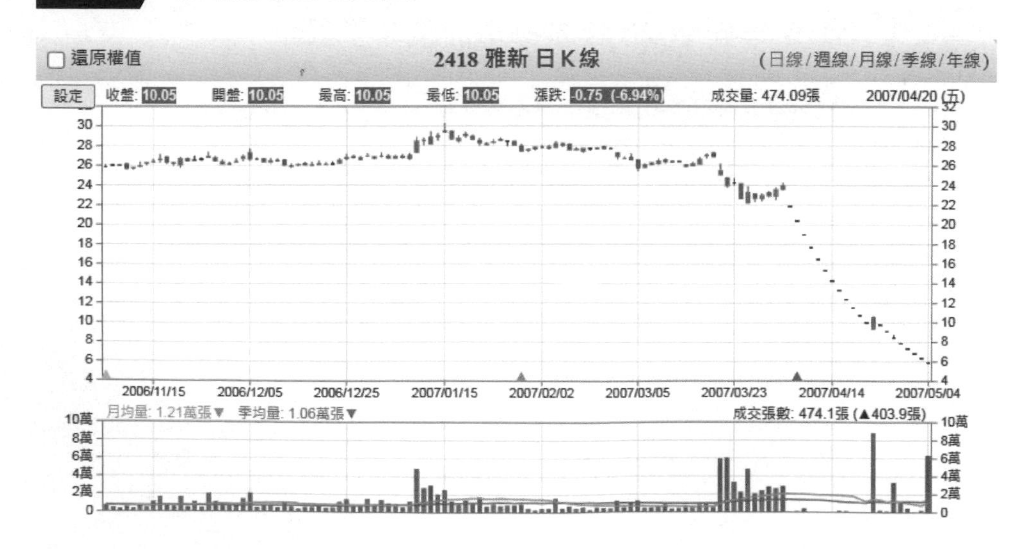

資料來源：XQ

後就暫停交易，最終下市，讓許多投資人血本無歸。

我們現在事後看圖說故事，都知道會這種跌法的公司一定是出了什麼大問題。但雅新在當年可是績優股之一，任誰都無法預料它會走出一個暴跌行情！

雅新成立於 1972 年，在 1998 年股票掛牌上市，公司原先是生產印刷電路板。之後跨足電源供應器代工，客戶包括三星、LG、SONY、SHARP。由於客戶都是全球知名的國際大廠，因此投資人對雅新的營運相當有信心。更重要的是，雅新的營收成長幅度好到非常誇張。

雅新 2000 年營收為 60.5 億，到了 2006 年營收已高達 379 億，年複合成長率達到 29.97%。此外，公司 7 年間平均 EPS 達到 3.5 元，股東權益由 43 億元暴增至 174 億元。

年份	雅新年營收	年增率
2006	379 億	13.81%
2005	333 億	44.78%
2004	230 億	33.72%
2003	172 億	56.36%
2002	110 億	44.54%
2001	76.1 億	25.78%
2000	60.5 億	—

公司的經營觸角也由上游一路往下游延伸，從最初的印刷電路板，再到電源供應器，最後還跨入電子專業製造服務。各項財報數字來看，雅新都是台股當時不可多得的優質績優股，儼然就是股民眼中的「小鴻海」。

投資人總是喜歡追捧營收持續成長的股票，當時市場上營收成長最強的權值股是鴻海（沒錯，當時台積電還沒崛起），以及電子五哥：廣達、仁寶、緯創、英業達、和碩，表現也都相當不錯。以鴻海和廣達為例，來看看他們同期的表現：

年份	鴻海		廣達	
	年營收	年增率	年營收	年增率
2006	13204 億	39.21%	5377 億	12.20%
2005	9485 億	75.03%	4792 億	45.21%
2004	5419 億	34.50%	3300 億	10.73%
2003	4029 億	56.28%	2980 億	108.82%
2002	2578 億	67.51%	1427 億	27.86%
2001	1539 億	57.36%	1116 億	—
2000	978 億	—	—	—

換算下來，鴻海平均每年營收成長 54.31%，廣達則是每年成長約 36.95%。可以看出雅新當年的成長速度，雖然不能和鴻海比，但跟現在依然是績優公司的廣達相比，表現是差不多的，投資人很容易就對這種公司降低戒心。

但雅新在 2007 年 3 月被爆料欠拖貨款，又在 4 月爆出營收錯帳，2006 年的營收根本不是 379 億，而是 275 億，和前一年相比，其實已經開始衰退了。

然而一波未平一波又起，不只是錯帳，雅新隨後又爆出與國外公司假交易的嫌疑。於是 2007 年 4 月 4 日股價開始重挫，期間發生 20 根跌停板，讓許多投資人根本來不急跑。

2007 年 5 月 4 日，曾經風風光光的一檔績優股，就這樣黯淡下市。因此，投資人千萬不要鐵齒地認為一檔股票完全沒有下市風險。

年份	雅新年營收	年增率
2006	379 億→ 275 億	13.81% → -17.41%
2005	333 億	44.78%
2004	230 億	33.72%
2003	172 億	56.36%
2002	110 億	44.54%
2001	76.1 億	25.78%

再強調一次，ETF 最重要的功能，就是分散風險。雅新在下市前，也曾經是台灣中型 100 指數的成分股。雖然短短一個月就下跌超過 75%，但如果投資人購買的標的，是追蹤台灣中型 100 指數的 0051（元大中型100），由於雅新佔 0051 的整體比重不到 2%，因此即便雅新大跌，對 0051 的漲跌幅卻相對有限。

當雅新大跌 75% 的同期間，你們知道 0051 同期間的跌幅是多少嗎？你沒有看錯，如下圖所示，只有下跌 2.7% 而已，這就是 ETF 有效分散風險的鐵證！

資料來源：XQ

從雅新的案例中，可以清楚知道 ETF 分散風險的能力。再用一個大家更熟悉的例子，那就是宏達電。

宏達電從 0050 上市（2003 年 6 月）開始，就一直是 0050 的成分股。到了 2011 年 4 月股價來到 1300 元，市值也大到變成 0050 的第二大成分股。但大家都知道，宏達電碰到 1300 元後就跌跌不休，直到 2015 年被剔除 0050 時，股價已經只剩下 60 出頭。

宏達電在飆漲時很多人都為之瘋狂，當時一定也有很多人說：「買 0050 不如買宏達電！」結果會如何呢？假設你很不幸地，在 2011 年 4 月買進宏達電與 0050，我們來看看放到 2023 的比較圖：

只看數字沒感覺的話，我再幫大家做個表格：

資料來源：XQ

資料來源：XQ

	2011/4 買進 100 萬	2011/4 ～ 2023 報酬率	2023 年 最終金額
宏達電	100 萬	-93.36%	6.64 萬
0050	100 萬	182.04%	282.04 萬

看到最終金額的懸殊差異了嗎？2011 年 4 月投入 100 萬到宏達電，放到 2023 年，你只會剩下 6.64 萬，根本就是丟進水溝！

相對地，如果買進的是 0050，到今天你的錢會變成 282.04 萬！所以，就算你在宏達電 1300 元時，買進宏達電占比第二大的 0050，放到今天還是大賺。

❖ 買 0050 不會一夕暴富，但一定讓你睡得著

用雅新和宏達電的例子，就是想要告訴大家「投資 0050，不如投資台積電」這句話萬萬不可信。如下頁圖，0050 從 2011 年 4 月開始到 2023 年上漲 182.04%，而台積電則是上漲 946.41%，雖然報酬率的確完全沒得比，但投資人得考慮「風險」這個要素。

你是不是心想：績優股這麼多，宏達電、雅新只是特例，自己不會這麼倒楣買到破產或下市的績優股。那我們來看看美國道瓊工業指數（注），1896 年編成時總共納入 12 家公司，都是當時象徵美國工業最重要的 12 檔股票，也就是所謂的績優股票。

資料來源：XQ

資料來源：XQ

注：美國的三大股價指數之一，由 30 家美國最大或最知名的上市公司組成，是衡量美國工業行情及股市大盤的重要指標。

經過127年後，這12家公司還有多少留在道瓊工業指數當中呢？答案是0！留存最久的奇異公司，最終也在2018年6月被剔除。其他的11家公司，不管是破產、被分割、被收購，下場都不是很好。也就是說目前的道瓊工業指數中，沒有任何一家是編成指數時的創始公司。

道瓊工業指數最初構成公司		
1. 美國棉花油公司	2. 美國糖類公司	3. 美國菸草公司
4. 芝加哥燃氣公司	5. 蒸餾及家牛飼料公司	6. 奇異公司
7. 國家鉛公司	8. 萊克萊德煤氣燈公司	9. 北美公司
10. 美國皮草公司	11. 田納西煤、鐵與鐵路公司	12. 美國橡膠公司

上述這些故事，就是想要向大家傳達一個重要概念，沒有什麼公司是永遠不變的！假設過了幾十年後科技再次轉變，或是美國開始壓制台灣科技廠，就像1980年代，日本因為簽訂廣場協議，間接導致以東芝（Toshiba）為首的日本科技廠一蹶不振，不要說不可能，而台積電有沒有可能崩跌，甚至是倒閉呢？

但是科技轉變下，台灣勢必會出現下一家護國神山取代台積電的位置，成為0050的新寵兒。我並不是看壞台積電，甚至還相當看好它這幾年的發展，只是幾十年後的未來，台積電下市或是公司出問題的風險，比0050大很多。

此外，哲哲還想傳達一個重要觀念，就是把錢投資0050比存在銀行還安全！為什麼會這樣說呢？

銀行的保障來自財政部和中央銀行共同出資設立的「中央存保公司」，提供民眾在同一要保金融機構所存的新台幣、外幣存款的本金及利息，最高達新台幣 300 萬元保障。

舉例來說，你今天在 A 銀行存 300 萬，結果 A 銀行因為經營不善或系統風險而倒閉，此時你的 300 萬因為受中央存保公司保障，可以無痛拿回來。但由於保額最多只有 300 萬，因此若你在 A 銀行存有 1000 萬，同樣也只能拿回 300 萬。

但如果把 1000 萬用來投資 0050，假如 0050 的發行商元大投信倒閉，這 1000 萬也安全無恙，為什麼呢？根據國內對基金管理的相關規定，所有基金必須被保管在銀行，0050 是存放在中國信託。因此即使元大投信倒閉，大家持有的基金也不會被清算。

至於0050 有沒有下市的風險？當然有，但條件發生的機率微乎其微。包括：

1. 0050 成分股的 50 家公司「同一天」倒閉。

2. 基金規模降到 1 億元以下。0050 目前基金規模超過 1800 億元，是國內最大的 ETF，除非它的成交量急速萎縮，甚至變成急凍量，否則幾乎不可能降到 1 億元以下。即便它有下市的一天，也可能會是台股市場最後一檔下市的 ETF。

3. 淨值跌到發行價的 1/10 以下。2003 年上市時的價格是 36.97 元，所以它的淨值跌到 3.69 元才有可能下市，而哲哲在寫書當下，0050 的股價在 159 元。

最後，再提醒大家一次，想要無腦長期存股數十年的投資人，最好不要選擇個股，0050 才是最佳解！

2-4

如果你剛踏進股市，買 ETF 是最簡單有效的賺錢方式

現在我們已經知道 ETF 具備分散風險（防禦的功能），那麼進攻能力如何呢？

前文中提到，ETF 因為避開單一公司下市的風險，是相對適合做長期投資的產品，存個數十年也不用太擔心。

那麼，我們先來探討市場常聽到的交易策略：短線進出 VS. 長期投資。短線進出是指在短時間內（通常為數天、數週、數月）買進和賣出股票，以追求快速的利潤。長期投資是指在長時間內（通常為數年）持有股票，以追求穩定的成長。

相信大部分的投資人，都有聽過「高頻交易」，這也是做短線者最愛的一種交易方式，把買賣期間縮短到以一天為單位。例如，台股開盤短短 4 小時之中，就要買賣好幾趟，每一趟可能賺到一、二個 tick（價格跳動的最小單位）或是幾千塊就走。事實上，這樣交易長久下來相當難賺到錢，也是大部分人賠錢的主要原因。

我過去當然也常做高頻交易，但高風險高頻率的交易方式，首要面對的就是交易摩擦成本高（每一筆買賣都要付出手續費、證交稅）。還需要極高的天分和準確率，每一筆下單都要控制好最大虧損。此外，必須每天研究各種基本面、技術面、籌碼面的消息。

最重要的是，要有強大的心理素質，面對快速變動的盤勢，要能克服人性的貪婪、恐懼、急躁。否則每天股價上上下下，一跌就想砍、一漲就想賣，過著提心吊膽的生活。

當然，短線策略並不是完全沒有優點，不然不會這麼多高手樂在其中，具有以下優勢：

- 可以充分利用市場的波動性，抓住股價高低點，獲得較高的報酬率。
- 可以靈活調整手上的倉位，避免長期持有虧損或停滯不前的股票。
- 可以根據技術分析、籌碼面、消息面等因素，選擇適合短線操作的個股。

反之，短線策略的缺點，包括：

- 需花費較多時間和精力，持續關注市場動態和個股走勢，若沒有及時發現市場風向轉變或個股出現異常波動，可能錯失良機或造成損失。投資人需不斷盯盤、看報表、分析數據，這對於許多沒有專業知識或沒有足夠時間的投資人來說，是很難做到的。

- 短線上盤勢跳動快速，交易時間內需承受極高的風險和壓力。舉例來說， 2020年COVID-19爆發時全球股市大幅下跌。如果在此之前買入受疫情影響較大的個股，如航空、旅遊、餐飲等行業，可能面臨巨大的虧損。而如果在此之後，沒有及時抓住反彈的時機，又可能錯失後續的漲幅。
- 要支付較高的摩擦成本，包括手續費、證交稅。在台灣買賣上市上櫃股票，需支付0.1425%的手續費，以及賣出股票時，需要向政府繳交0.3%的證交稅；在美國買賣股票，則需支付0%～37%不等的資本利得稅（視持有時間和收入水準而定），這些成本都會降低投資人的報酬率。

老實說，一般投資人應該避開短線、極短線交易（除非有像我這樣的專業分析師帶著你短線操作，那就另當別論）。如前文所言，短進短出風險極高，要付出的努力也不是一般人能想像的。

如果你有天分，也願意每天花很多時間研究股票，短期交易的績效又能夠打贏大盤。那恭喜你，你就是天選之人，我當然不會叫你投資ETF賺市場報酬，太沒效率了。

但若你只是一般人，我會建議你採取長期持有ETF的策略來獲利。為什麼呢？以下是長期投資的優點：

長期投資的優點

- 可以利用市場的長期趨勢，把握股價的成長空間，獲得較穩定的報酬率。
- 可以減少交易次數和成本，節省時間和精力，也能降低風險和壓力。

- 可以根據基本分析、產業面、公司面等因素，選擇具有良好經營和發展前景的個股。

凡事有好有壞，我不會裝清高，把短期的投機行為貶低得一文不值，或是把長期投資捧上天。長期投資當然也有缺點，只不過對於一般投資人，「相對」來說是能容忍的。

長期投資的缺點

- 需忍受市場的波動性，可能面臨暫時性的虧損或停滯。
- 需持續追蹤個股的表現和變化，及時調整投資組合。
- 需要有足夠的耐心和信心，才能等待長期收益的實現。

說到底，我們進入股票市場的終極目的只有一個，就是賺錢。只要能賺到錢，任何投資行為、任何投資工具都能使用。但天選之人畢竟是少數，我敢打包票，大多數散戶不適合短進短出，而長期持有 ETF 獲利，是最親民、最簡單的方式。

我寫這本書就是希望大家，能夠快樂、輕鬆賺到錢。讓你在幾十年後，不用為了金錢煩惱、不用每天看老闆臉色，可以安心發展自己的興趣，放心享受退休生活。

2-5

不可忽視的交易手續費，ETF 成本相對低

買 ETF 好處多多，哲哲喜歡的優勢之一，就是手續費相對於買賣股票來得低。

你可能會想：買賣股票的手續費只有千分之幾，每次才幾十、幾百元，何必在意小錢？這個觀念可是大錯特錯，千萬別忽視每筆交易所產的小錢，積沙成塔後會變成侵蝕獲利的主要虧損。

哲哲認識相當多短線交易員及操盤手，其中不乏每年手續費加上證交稅，就高達上千萬。等於賺到的獲利扣掉上千萬手續費，最後才是真正放到自己口袋的錢。而這些付出高額手續費與證交稅的投資人，也常被調侃是券商及政府的「打工仔」。

在台灣投資股票的交易成本，包含「手續費」與「證交稅」。手續費的公定價格是 0.1425%，買進和賣出股票時各要收取一次；而股票證券交易稅（簡稱證交稅）是 0.3%，僅在賣出時收取。

手續費的部分雖然有公定價，但今日很多投資人都用網路下

單，對券商來說成本很低，加上各券商間也競爭激烈，因此券商是可以提供折扣的。一般來說行情價約在 3 到 6 折，交易量大的投資人，甚至可以跟券商談到更低廉的手續費。

以表 2-8 為例，大家看到了嗎？買賣一次價格 600 到 800 元的股票 2 張，手續費就將近 6 千元，這筆錢可能是有些人一個月的午餐錢。更別說如果你進出的金額更大、交易筆數更多，手續費絕對是影響你最終獲利的關鍵。

表 2-8 股票手續費、證交稅的計算方式

股票交易成本=（*買進總金額×手續費率×折扣）＋（*賣出總金額×手續費率×折扣）＋（賣出總金額×證交稅率）

＊買進總金額 = 買入時每股股價 × 買入股數
＊賣出總金額 = 賣出時每股股價 × 賣出股數
（台股普遍以「張」為單位，台股一張＝ 1000 股）

〔舉例〕股價 600 元時買進台積電股票 2 張，並且在股價 800 元時全賣出，券商的手續費折扣是 5 折，股票交易成本共多少呢？

1. 計算買進手續費
買進總金額 = 600 元×2 張×1000 股＝ 120 萬元
買進需付的手續費=120 萬×0.1425% 手續費率×50% 折扣＝ 855 元

2. 計算賣出手續費、證交稅
賣出總金額=800 元×2 張×1000 股=160 萬元
賣出需付的手續費=160 萬×0.1425% 手續費率×50% 折扣＝ 1140 元
賣出需付的證交稅=160 萬×0.30%＝ 4800 元

股票買賣的交易成本總計：855＋1140＋4800＝ 6795 元

那麼ETF呢？它最大的優勢在於證交稅比股票低，保管費又比一般共同基金（主動式基金）便宜，如表2-9。雖然手續費與買賣股票相同（也同樣看券商怎麼給，甚至可以談折扣）。但差異最大的證交稅，只收取交易金額的0.1%，只有股票的1/3（股票為0.3%）。

就表2-8的例子來說，如果將最後賣出的160萬元換成0050，那麼證交稅會從4800元變成1600元。整整省下3200元，可以再多買好幾件衣服，甚至是多吃幾次大餐。

另外，ETF因為是完全被動的投資，不需要透過經理人做人為選股、操盤，經理費相較於主動型基金來得更低，這也難怪ETF會如此受到台灣投資人喜愛。

根據集保結算所、Cmoney的資料，統計至2024年3月底，台股ETF受益總人數已突破650萬人大關。換句話說，台灣平均每4人就有1人買ETF，ETF投資已經成為全民理財的重要工具。

表2-9 ETF VS. 股票的買賣費用

項目	ETF	股票
手續費	● 買進時收取交易金額的0.1425% ● 賣出時收取交易金額的0.1425%	
證交稅	賣出時收取交易金額的0.1%	賣出時收取交易金額的0.3%
保管費	0.02至0.15%（視ETF種類而定）	0

2-6

做定存、買保單，還不如去買 0050

「把 0050 當作一個存錢筒」這句話我常跟剛進股市的朋友分享，因為 ETF 是個相當適合作為長期定存的工具。

在此想先跟大家分享「指數型基金之父」柏格的投資哲學。柏格是前述的美國先鋒集團（Vanguard Group）創辦人，他認為投資不需要複雜的方法，只要買進低成本的 ETF，投資整體市場組合並永久持有，就能取得接近大盤指數的報酬。

白話來說，就是隨時買、隨便買、不要賣。聽起來這麼簡單的幾個動作，就能賺到錢嗎？答案是肯定的。

多篇學術文獻已指出，根據回測統計，全球主要股市長期將持續穩定向上，投資指數（包括指數型 ETF）持有 30 年以上，賺錢機率高達 9 成；持有期間達 40 年以上，賺錢機率更來到 99.5%。換句話說，只有 0.5% 的機率會賠錢或沒有賺到錢。

0050 是以追蹤台灣大盤指數為主的 ETF，該檔基金從 2003 年成立至今超過20年，統計從成立到2023年的的含息總報酬，已經高達550.8%，換算為年化報酬率約9.8%（表2-10）。

若單純從數學角度以此年化報酬率估算，約7.2年就能為所投入的本金翻倍。白話來說，如果20年前買進0050，一直放到現在，資產已經翻了超過5倍。

表2-10 0050近20年報酬率一覽表

年度	2003	2004	2005	2006	2007	2008	2009	2010	2011	2012	2013
報酬率(%)	23.2	5.3	10.5	20.6	11.2	-43.1	73.9	12.9	-15.8	12.4	11.6
年度	2014	2015	2016	2017	2018	2019	2020	2021	2022	2023成立以來	
報酬率(%)	16.9	-6.1	18.7	18.4	-4.9	33.0	31.7	21.7	-21.8	550.8	

資料來源：Lipper，截至2023月5月31日，採含息總報酬計算，0050成立日為2003月6月25日，以上僅為歷史數據，不代表未來績效保證。

❖ 真相很殘酷——定存會讓你越存越窮

許多風格保守，或是對投資市場沒這麼熟悉的朋友，都喜歡做定存，讓錢乖乖躺在銀行裡。但容許哲哲不客氣地說，定存是最安全，但也是最糟糕的理財工具。我從三個面向做解釋：

1. 通貨膨脹

現今定存利率略高於 1%，而通貨膨脹是以每年 2 至 3%的速度在增長。換句話說，定存利息會被通膨怪獸吃掉，你的錢放在銀行只會越存越薄。

2. 投資機會成本

定存的利率略高於 1%，套用數學公式來計算，約存放 72 年，存款才會翻上一倍。而從上一段 0050 的報酬率得知，長期來看，0050 報酬率接近 10%，約 7.2 年就能為所投入的本金翻倍。

換句話說，如果放 10 萬元在銀行定存中，72 年以後才會變 20 萬元；如果投資 0050，8 年後就會增長到 20 萬元，72 年以後會變成 9.5 億元，相當驚人。

3. 貨幣購買力只會持續下降

台灣 2020 年的退休金缺口有 400 多億，美國則是有 1 兆的缺口。這些缺口該如何填補呢？很簡單，就是把印鈔機打開直接印鈔票，而不斷印鈔票的下場，就是導致通膨持續下去，貨幣購買力越來越低。

也就是說，假設將 100 萬資金放進銀行做定存，10 年後以 1% 定存利率計算，金額雖然會變成 110 萬，但實際購買力可能只剩下 90 萬而已。

❖ 別想用保單賺到錢，比定存的利率還低

另一方面，有不少朋友喜歡買保險。但哲哲在這邊要公開一個殘酷的事實，你們辛辛苦苦交給保險公司的保費，這些錢去哪裡了，大家有想過嗎？真相就是，保險公司的資金很多都流入房地產了，導致房價高漲，使年輕人更買不起房。

當然，房價上漲的原因很多，有經濟學者指出，其中一點就是因為華人喜歡買房地產。從下面的表格就能看出，法人大量搶購房地產和囤房現象，又比自然人嚴重許多。

	多房自然人	多房法人
人數	8 萬	1.3 萬
持有宅數	44.1 萬	34 萬
平均每人宅數	5.45 宅	26.93 宅

而多房法人之中，又屬金融與保險業為大宗，他們大量搶購房地產作為投資。而且本身就屬金融業的他們，又更容易和銀行談到比一般人好的貸款成數，需求帶動價格上漲的情況下，房地產當然是「升升」不息。

至於，市面上不少保單都鼓吹最終利率有5%、6%，不但高於銀行的定存，因此可以抗通膨，還能買到保障，真的是這樣嗎？

我們來做個簡單計算：假設你買了一張醫療險，每年要繳2萬元保費，繳20年共40萬元。

假設你這 20 年都健健康康，到期後還能多回饋 6%，可以多拿到 2.4 萬元。聽起來不錯，但事實真的是這樣嗎？透過下表試算便能一目了然。

20 年間每年投入 2 萬（一共投入 40 萬）		
	買保險	買 0050
年化報酬率	0.09%	10%
20 年後金額	42.4 萬	134 萬
獲利	2.37 萬	94 萬（134-40）

事實上，你總共花了 20 年，才用 40 萬拿到 2.4 萬的額外報酬。用定期定額公式回推的話，年化報酬率只有 0.09% 而已，比銀行定存還低（現在銀行定存利率普遍高於 1%）。

這時候就有人會問了：哲哲！你把保險講成這樣，是叫大家都不要買保險了嗎？不，接下來我就要來跟你講，保險到底該買什麼，以及你到底該配置多少錢去買保險！

先跟大家分享一個簡單的觀念——理財金三角（圖2-11）。相信也有許多保險業務員會分享下面這張圖，理財金三角是由美國的經濟學家所發表，有一定的參考價值。簡單來說，假設你的年收入為100萬元，一年能在保險上的花費，最好不要超過10%，也就是10萬元。

圖2-11 理財金三角

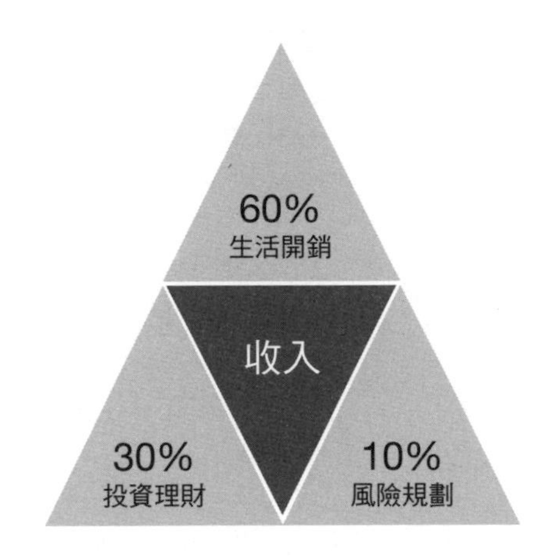

那麼，這10萬元，你應該拿去買什麼保險呢？首先，我認為保險有兩個重要的功能：

1. 風險轉嫁

保險最初的設計就是為了風險轉嫁，讓你在發生意外或生重病時，不需要因為飛來橫禍而煩惱錢的問題。因此，每個人都需要意外險、醫療險；有車就需要買車險；有房子就需要買火災險、地震險等等。

此外，假設你是家庭支柱，也要考慮自己如果出了事，家人的生活費、未繳完的貸款該怎麼解決？所以，為了讓家人有保障，你就需要購買壽險。

哲哲在這邊也要分享一個人生觀念給大家：**錢買不到健康！事前醫療的重要性遠遠大於事後醫療**。健康險的確要買，但不代表買了以後，就可以不注重身心健康，好比難道你買了火災險後，會希望房子發生火災嗎？

但健康險的水很深、有很多例外，可能 A 重症有理賠，但 B 重症就不理賠了。所以與其花大錢買大量醫療險，不如買真正需要的就好，把省下來的錢用來支付健康檢查。

台灣有很多名人死於大腸癌，豬哥亮、賀一航、余苑綺等等，其實大腸癌可以透過大腸鏡檢查提早發現治療，能大大降低死亡率。而且大腸鏡有部分健保給付，哲哲自己去健檢的時候也會做這項檢查。定時做健檢、保持健康的生活習慣，比買一堆保險重要多了！

還要注意的是，購買這些保險的重點都是「保額」，而不是滿期後能拿回多少回饋。回饋一點都不重要，因為報酬率非常低，保險公司拿你的保費去炒房地產，最後只會分你一點點而已，反而要有把這些保費都丟水溝的心理準備。

況且，買保險後完全沒用到反而應該高興，因為這代表你活得平平安安、健健康康！

2. 節稅

利用壽險保單的身故保險金指定受益人，該筆保險金就不會被記為遺產稅，遺族就能利用這筆錢去繳納遺產稅，達成繼承遺產的目的。

因此許多高資產人士為了資產傳承，會利用保單來避免子孫被課徵高額遺產稅，避免雖然本人留有許多遺產，繼承人卻因為付不出遺產稅，結果無法繼承的遺憾。

總結來說，如果想了解更多保險細節，記得去找你認識的保險業務，相信他們都很樂意告訴你更多、更詳細的資訊。

哲哲要強調的重點是，不要妄想利用保險去賺錢，與其去購買高額儲蓄險和投資型保單，不如好好規劃資產：用60%的資金應付生活開銷；30%資金投資各式ETF，想要簡單又輕鬆地累積財富，就以0050為主。

最重要的就是利用最後10%的資金購買保險，以規避風險、保護其它90%的財富！

第 3 章

哲哲教你用3個操作策略，輕鬆拉高0050報酬率！

定期定額 0050 能輕鬆賺錢，
但如果多學個 4 招賺更多，幹嘛不學？

長期定期定額買進0050，不論股市漲跌持續買、不要賣，是最簡單獲利的傻瓜投資法。但或許你也聽過很多老手在股票下跌時持續買、不斷攤平，最後帳面虧損實在是大到受不了，只好忍痛把自己的股票砍掉，甚至直接破產。

哲哲要先強調一個觀念，買0050不用害怕「接刀」，無腦攤平的風險趨近於0。因為ETF與股票不一樣，這類市值型ETF是越跌越要買，只要記得賣的時候不要賠錢賣就好，因為0050會繼續創新高。

當然，這個做法僅限於追蹤大盤指數類型的ETF，不適用於任何個股。在這本書裡我不斷強調，請把ETF當作存錢筒。

不過同樣買ETF、明明都是看漲，就是有人的績效更好，這是為什麼？差異來自於每個人的投資經驗、策略、技術、資金規模、心態，甚至運氣都不同。哲哲在股市30年看過太多操盤高手，即便實力相同，最後的報酬率卻很懸殊。請記住市場是活的永遠都在變化，不可能只靠一套功夫就獨步武林。

然而哲哲發現，有些技術指標及對總體經濟的經驗，對於0050這類ETF效果特別好，若搭配使用，能進一步放大整體投資報酬率。接下來我將傳授自身覺得相當實用的技術分析，運用在0050上能有效判斷相對低點，而且這是每個人都能輕鬆學會的方法。

因此本章的目的，是教各位投資人如何進一步拉高0050的整體報酬率。首先，會運用各面向來解析，究竟單筆投入還是定期定額策略，對0050來說報酬率會更好。

接著介紹四大指標：景氣循環燈號、移動平均線、本益比和股價淨值比，教讀者透過判讀指標訊號，抓出0050相對低點的方法。最後再利用資金配置策略，讓你的資金獲得最大化效益。

對於剛接觸股市的投資新手，第一次看到技術指標或專有名詞，或許會覺得有些陌生。但不要排斥去了解，只要多看、多摸幾遍就熟悉了，最後會發現，賺到錢一點都不難！

3-1

單筆績效勝過定期定額，哲哲仍不建議的真相

今日很多券商針對定期定額都有自動化設定，可以依照個人喜好設定每月扣、每週扣，甚至每天扣。不過，或許還是會有人覺得定期定額太麻煩，所以連下單 APP 都懶得設定，想要一次單筆進場。

的確，理論上股市長期向上，只要資金在市場中放得夠久，不管定期定額還是單筆投入，兩種方式一定都賺得到錢。

但還是會有投資人會想知道，到底用哪種方式才能獲得最好的報酬？單筆進場的報酬，一定會贏定期定額嗎？哲哲在本章都會仔細分析給讀者，我們先來看下面幾個案例：

❖ 進場時機大大影響最終報酬

假設阿哲和阿榮，他們兩個人在 2008 年都以 100 萬資金買進 0050，如圖 3-1。

其中，阿哲進場時沒想那麼多，認為股市反正長期而言就是會創新高，所以在大約 52 元的價位，買進 100 萬的 0050。

阿榮則認為市場還不穩定，所以不急著進場。他將手上的資金抱到 2009 年，認為股市已經落底回穩才進場，大約在 35 元的價格買進 100 萬的 0050。

圖 3-1　阿哲與阿榮買進 0050 的時機點

資料來源：XQ

那麼，到了2023年，兩個人用來投資0050的100萬，價值各變成多少呢？結果如下表。

<table>
<tr><th>投資人</th><th>投入成本</th><th>2023年價格</th><th>報酬率</th><th>市值</th></tr>
<tr><td>阿哲</td><td>52元</td><td rowspan="2">130元</td><td>150%</td><td>250萬</td></tr>
<tr><td>阿榮</td><td>35元</td><td>271%</td><td>371萬</td></tr>
</table>

從K線圖來看，阿哲和阿榮都是買在0050相對低點。但是你沒有看錯，兩個人的報酬居然超過100%的差距，有一倍以上，比當初投入的成本都還要高上許多！

阿榮一開始的進場成本，比阿哲少了約32%。但過了十幾年後，這個差距被不斷放大，最後阿哲賺到的錢，硬生生比阿榮少了121萬。

由此可以看出，單筆進場的時間點真的很重要。即便長期股市向上，但由於單筆投資一旦進場，成本就被釘死了、不會改變，容錯率相當低。

❖ 單筆投資報酬率，勝過定期定額

現在知道進場位階不同，會導致最後報酬有明顯差距。接下來我們要展示，如果進場0050的位階相同、出場時間也一樣，那麼定期定額的績效好，還是單筆投入的績效好？

哲哲這次用 0050 賺到 1151 萬，只花不到 1 年的時間，換算成年化報酬率超過 20%。而我們就取大概一半，約 11.74% 的報酬率來計算：策略 A 是一次投入 120 萬；策略 B 是每個月投入 1 萬元，投入 10 年，共 120 萬。兩者績效結果比較比如下表：

投資人	年化報酬率	10 年後金額	獲利金額	總報酬率
策略 A： 單筆投入 120 萬	11.74%	3,640,719	2,440,719	203.3%
策略 B： 每月投入 1 萬，投 10 年	11.74%	2,219,310	1,019,310	84.9%

哇塞！有沒有看錯，單筆投入跟定期定額的績效，居然差這麼多，前者的獲利竟然是定期定額的兩倍以上！

看起來很美好對吧，那麼哲哲是不是要來宣導單筆投入有多強了呢？如果你這麼想就太天真了！

❖ 你仍然應該定期定額 0050 的理由

哲哲反而要告訴你，雖然單筆投入明明績效好很多，但還是建議你使用定期定額的方式。為什麼呢？有以下四個理由：

1. 小資族資金有限

這是一個很簡單的觀念。以剛剛的金額作為例子，要一般小資族立刻拿出120萬砸進股市，和每個月從薪水中拿出1萬元投入股市，難易度是完全不一樣的。

如果你覺得一次拿出120萬很簡單，那你可以試著想成「每個月投入10萬」和「一次投入1200萬」，會有更明顯的差別。畢竟，不是所有人都能像哲哲一樣，看到投資機會來了，馬上就能投個幾千萬進股市。

要做單筆投入的人通常不只要有錢，還要心態堅強，過程中要能熬過股市的大震盪，一般的小資族和散戶相對不適合這種方法。

2. 定期定額容錯率高

假設投資人超級倒楣，開始投資的隔天就遇到股市大崩盤，大盤和ETF可能一兩個禮拜就下跌超過20%。那麼單筆投入與定期定額的虧損比較，會如下表：

資金投入方式	股市崩盤 20%
單筆投入 120 萬元	虧損 24 萬元
每月投入 1 萬元	虧損 2 千元

此時，單筆投入120萬的人虧損高達24萬，勢必會承受龐大的虧損壓力。但投入1萬的人呢？也不過就賠個2千元，壓力小上

許多，一般人大多能忍受。

其實，對於突然到來的大崩盤，定期定額的投資人反而會很開心，因為可以撿便宜，對前期降低成本有很大幫助。也就是說，單筆投入是一次定輸贏，但定期定額的策略有相當高的容錯率。

3. 習慣成自然

「人只要堅持做一件事，時間久了自然就會變成自然的事。」這句話很饒舌，哲哲想強調的是，養成定期定額存股的習慣，會讓你在不知不覺中增加財富。若每個月投入 1 萬元在 0050，以每年 11.74% 的年化報酬率計算，積沙成塔有多可觀？

年化報酬率	11.74%
每月投入金額（元）	10,000（元）
10 年後金額	2,219,310
20 年後金額	8,922,204
30 年後金額	29,258,330
40 年後金額	90,956,757

你沒有看錯，看了這張表格就會知道，為什麼巴菲特說他一生中有 99% 的財富，是在 50 歲以後才獲得的，因為複利的威力真的太強大了！

每個月只是投入 1 萬元，30 年後你居然能累積到 2925 萬元，將近3千萬元。40年後更誇張，你在不知不覺就累積到9095萬元。而要累積到9095萬元，你所投入的成本僅僅只有480萬元……

4. 穩定心態

假設你是月薪5萬的上班族，建議領到薪水的第一件事就是先扣1萬元定期定額，當作強迫儲蓄。畢竟5萬有5萬過的生活、4萬有4萬過的生活，都能夠活得很好。

每個月扣薪水中的1萬，容易在不知不覺中存到一大筆錢；但如果你是一次投入120萬做投資，反而會很在意那筆錢的漲跌，那就失去把0050當作儲蓄的意義了。

也就是說，定期定額給人一種心理上的安定感，投資心態在現代經濟學中已經被證實，會嚴重影響報酬率。只有穩定的心態，才能擁有穩定的報酬，投資人只要把0050想成是一個會自動變大的存錢筒，長期定期定額就能累積出巨額財富！

哲哲小叮嚀

單筆投入就像只有一發子彈的手槍，要擊中目標就要全神貫注，沒有失敗的機會。

3-2

將資金拆成 2 包，長短線並行效果更佳

對於無法長抱 ETF，或是想要賺價差的投資人，哲哲建議不妨把投資金分成兩部分：6 成資金做定期定額，4 成資金做價差策略。例如，你手中有 200 萬，就拿 120 萬去規劃長期的定期定額，另外 80 萬拿去做價差策略，找低點伺機佈局。如此一來，既能持續存 0050，還能賺價差拉高報酬，算是一舉兩得。

❖ 至少保有 6 成定期定額

為什麼我認為定期定額的資金至少要保有 6 成，甚至更多呢？（偏保守的投資人可以 8 成定期定額，2 成做價差策略）

大家有聽說過閃電理論嗎？來源已經不可考，但有兩種說法：一種是比喻股市的大漲，和閃電從天上劈下來一樣快速；另一種說法是比喻股市的大漲和被閃電劈中一樣，機率非常低。

但不管哪一種解釋，都是向投資人強調：股市大漲是很不容易的事，而且如果你想被閃電打中，一定隨時都要在場內。如果錯過這些機率極低的大漲，就會大大影響在股市中的長期收益，而定期定額是確保有資金放在場內的最佳策略。

有研究人員統計1996年到2015年，共20年間的S&P500指數表現，假設有下面4個不同操作情況：

A. 20年都乖乖持有，完全沒有任何買賣，這20年的年化報酬率為4.8%。
B. 如果這20年間，錯過漲幅最大的5天，20年的年化報酬率會下降到2.7%。
C. 如果這20年間，錯過漲幅最大的10天，20年的年化報酬率會下降到1.3%，已經快和存銀行差不多了。
D. 如果這20年間，錯過漲幅最大的40天，20年的年化報酬率會下降到–4%。你沒看錯，報酬率轉負了。

上述結果驗證一個驚人事實：20年期間超過4000個交易日，但只要錯過漲幅最大的40天，也就是不到1%的交易日，就會使績效由正轉負，等於這20年不只是做白工，甚至還倒賠了！

因此對長期投資者而言，不必擇時進場。或許你能避開大跌段，但當你成功避開股市的下跌，也很有可能錯過股市的上漲。面對市場時少一點主觀、多一點客觀，越早進場才有可能享受到越多大漲的交易日。此外，當致富的閃電劈下來時，一定要確保自己在場內。

當然，還是要再強調一次，長期投資最穩健的方式是定期定額，因為這是確保資金能留在場內，且風險最低的方式。

❖ 資金分成 4 等分，做「不定期定額」

接著，我們來探討另一筆做價差策略的資金。問題來了，如何找到價格低點做價差？相信這是所有股市投資人，每天都在尋求的聖杯。

請容許哲哲打破大家的美夢，相信我，沒有人可以精準找到股價的高低點，不然人人都是大富翁了。即便是非常厲害的分析師，也無法精準預測股價。所以如果你的股票剛好買在波段最低點，只能說你很幸運；如果你又剛好賣在波段最高點，只能說你非常非常幸運。

首先，哲哲認為要提高單筆投入的勝率，可先從資金配置下手，將要做價差的這筆資金，再拆成好機批進場，類似「不定期定額」的概念。方法就是當指數下跌一次，就進場一批。

我的方法如下：首先，將資金分成四等分，假如金額為 100 萬，每一等分為 25 萬。接著只要計算加權指數，從最高點回檔 20% 時，就是第一批資金的進場時機。

例如寫書當下，加權指數來到歷史高點 20,000 點，回檔 20% 為 4,000 點，因此當加權指數跌到 16,000 時，就拿第一份資金（25 萬元）用力買進 0050。

之後每下跌一千點就再拿一份資金買進 0050，分別為：15,000 點、14,000 點、13,000 點。當你的第四份資金進場後，100 萬的銀彈也已經打光，指數回到13,000點。

從最高點20,000算起，已經夯不啷噹跌7,000點左右，此時乖離過大，反彈的機率極高。因此我認為等高點修正再分批搶反彈，是單筆投入相對安全的方法。

哲哲小叮嚀

無時無刻都要在股市保有資金，即便少少的金額也好。

3-3 學會看景氣燈號，抓出 0050 的相對低點

你是不是也曾經這麼想：「定期定額 0050 好無聊喔，錢又不能拿出來花」「除了長抱 0050，也想額外賺點零用錢」「想追求一點刺激感，而不是一檔股票抱 20 年……」

大家心中多少有些小賭徒吶喊，因為一般小資族、上班族，除了每個月的薪水，還有年終獎金、也還會有一筆儲蓄金額，想要精準抓住進出場點位，這些哲哲都知道。上一段分享了靠資金分批進場搶反彈的方法，以下我要傳授 0050 波段操作的精華，也就是參考特定的指標及技術分析，來判斷 0050 的相對高低點。

以下兩小節共有 4 個技術指標，只要讀懂這些，就能讓你快速應用在股市戰場上。它們能提供你另一種操作面向，經由波段操作、低買高賣的手法，來賺取更多獲利資金、提升報酬率。

但我要再一次強調，只拿一部分資金來做 0050 的波段操作，最好是總資金的 3 成、4 成就好。如前所述，投資人應該把絕大多數的資金，用於定期定額0050並長期持有，因為那才是最簡單且風險相對低的投資策略。

❖ 指標一：觀察景氣燈號，藍燈買、紅燈賣

我認為用景氣對策信號判斷台灣股市高低點，是個相當不錯的方式。景氣對策信號是由國發會發布，用來推測未來景氣的方式，**每月27日左右會公布前一個月的景氣對策信號**，任何人都可利用景氣指標查詢系統（https:// index.ndc.gov.tw/n/zh_tw）查詢。經濟的景氣循環可分成四階段：收縮期、谷底期、擴張期與高峰期，如圖3-2。

圖3-2 台灣產業景氣循環圖

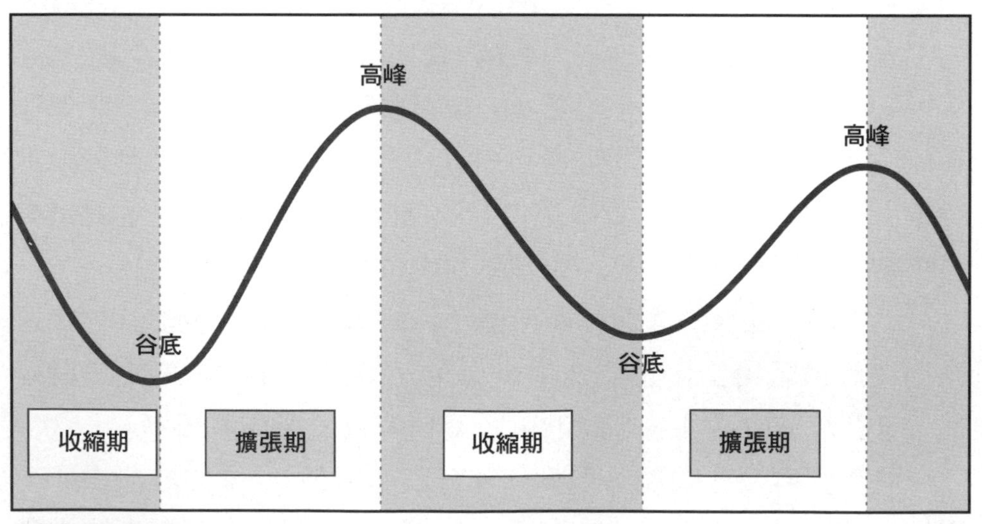

資料來源：風傳媒

圖 3-3　2019 年 1 月至 2024 年 5 月台灣景氣對策

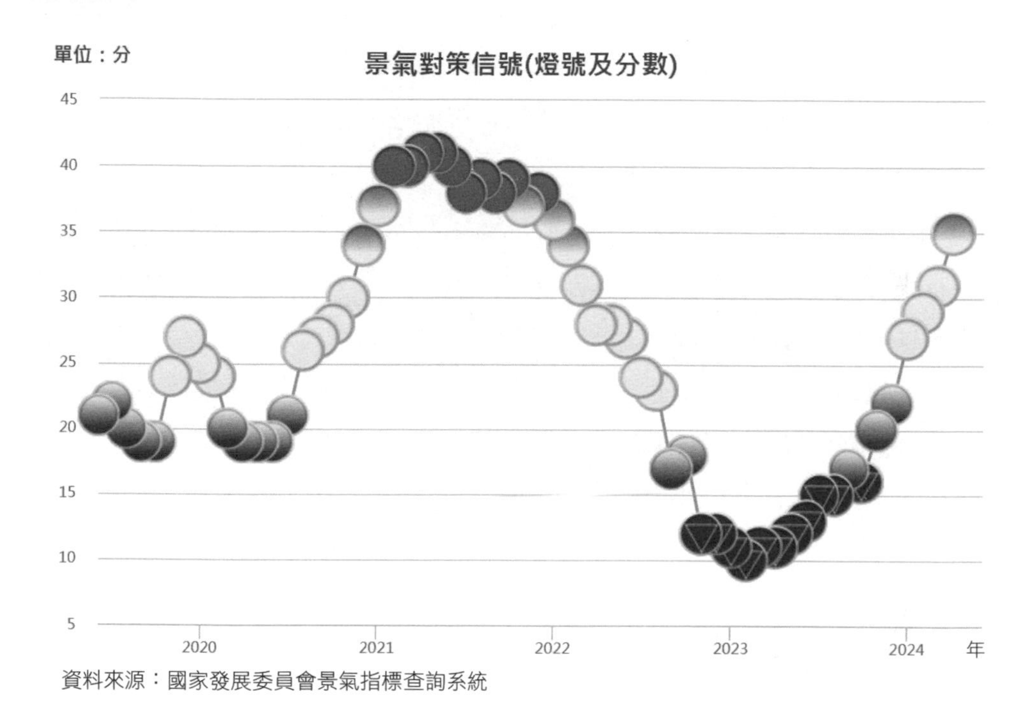

資料來源：國家發展委員會景氣指標查詢系統

而台灣景氣燈號分為五種：紅燈、黃紅燈、綠燈、黃藍燈及藍燈，各代表景氣由繁榮到衰退的信號，如圖 3-3。

在景氣燈號的判讀上，紅燈表示景氣過熱、黃紅燈表示景氣趨向熱絡、綠燈表示景氣穩定、黃藍燈表示景氣趨向衰退、藍燈表示景氣衰退。雖然有五種，但**投資人只要注意兩種燈號：紅燈跟藍燈**。

當景氣處於或即將邁入谷底時，股市在低檔徘迴階段，此時燈號會亮出藍燈，是買進 0050 的好時機；當景氣處於或即將邁向高峰時，股市在高檔震盪階段，此時燈號會亮出紅燈，是賣出0050的好時機。

然而一定很多人好奇，秉持0050「藍燈買、紅燈賣」的操作，真的可讓獲利放大嗎？我們以2018年至2022年底的景氣燈號為操作案例。

由下圖得知，2019年1月，景氣燈號亮出代表景氣衰退的藍燈，此時買進0050。當時台股加權指數約在1萬點位置，對應到的0050價格約在75.15元。

一直到2021年3月，景氣燈號出現代表過熱的紅燈，此時賣出0050。當時台股加權指數來到16,571點位置，對應到的0050價格在135.75元，波段報酬高達34%，大勝0050長期平均約10%的年化報酬率！

燈號公布時間	2019年1月27日	2021年3月27日
燈號	藍燈（買）	紅燈（賣）
ETF買賣時間	2019年2月初買進	2021年4月初賣出
ETF價格	75.15元	135.75元
台股加權指數	10,004點	16,571點
持有期間	約2年1個月	
年化報酬率	34%	

再看另一個案例，2022年受到俄烏戰爭、通貨膨脹影響，美國聯準會為了抑制通膨危機，自2022年3月開始升息循環。國際

股市也受到升息干擾，從 2022 年初的高點，一路下跌至年中。

台股自然也遭受拖累，如表 3-4，當時景氣燈號在 2022 年 1 月從紅燈轉為黃紅燈，3 月轉為綠燈，到 9 月及 11 月分別再轉為黃藍燈及藍燈，11 月時景氣分數更是只剩下 12 分，台股也在當年 10 月 20 日創波段新低 12,699 點。

表 3-4　2022 年景氣燈號分數與加權指數月收盤

時間	景氣對策燈號	景氣分數	月收盤指數
2022 年 1 月	黃紅燈	36	17,674
2022 年 2 月	黃紅燈	34	17,652
2022 年 3 月	綠燈	31	17,963
2022 年 4 月	綠燈	28	16,592
2022 年 5 月	綠燈	28	16,807
2022 年 6 月	綠燈	27	14,825
2022 年 7 月	綠燈	24	15,000
2022 年 8 月	綠燈	23	15,095
2022 年 9 月	黃藍燈	17	13,425
2022 年 10 月	黃藍燈	18	12,950
2022 年 11 月	藍燈	12	14,880
2022 年 12 月	藍燈	12	14,138

資料來源：國家發展委員會景氣指標查詢系統

此時遵守景氣燈號「藍燈買」的原則，在11月底看見景氣出現藍燈的訊號，對應到加權指數約在14,700附近的位置，可大力買進0050。

然而，從2022年11月出現藍燈後，直到哲哲寫完書的這一天，景氣燈號還沒出現過紅燈，因此會繼續持有0050。而此時大盤加權指數已經漲破2萬大關了，波段漲幅高達36%。

對於買0050的投資人來說，看到藍燈不是危機，反而是轉機。最後哲哲再給投資人一個統計數字，以下表列最近7次景氣燈號為藍燈的狀況，以及藍燈時買進0050的平均報酬：

藍燈發生期間	公布當月月底 買進0050持有四年平均報酬
2006年12月	17.74%
2008年7月	8.15%
2008年9月～2009年5月	69.81%
2011年11月～2012年8月	38.67%
2015年4月	26.83%
2015年6月～2016年3月	60.36%
2018年12月	81.47%

由於是每個月27日公布前一個月的景氣燈號（遇假日延期），因此設定的買進時間是出現藍燈的隔月月底。買進0050並

持有四年，統計上都有相當可觀的獲利，因此下次再看到藍燈，你就知道好買點可能又來了！

　　或許有人還是會說，藍燈代表百業蕭條，要進場買股真的會怕。哲哲要給你兩句話：「市場樂觀時就是最大賣點、市場恐慌時就是最大買點。」屢試不爽。

哲哲小叮嚀

在經濟低迷、混亂的股市中，最容易撿到鑽石。

3-4

3大關鍵指標，讓你和巴菲特一樣左側交易

上節介紹如何用景氣燈號判斷行情後，這節再教你用來波段操作0050的3個指標。

很多著名投資權威都是災難投資法：人棄我取，人取我予，逆勢反向操作終成贏家。**這個方法又稱左側交易，最具代表的人物就是巴菲特，他喜歡在股價出現大特價時全力買進**（前提是手上要有現金）。

尤其是黑天鵝發生，加權指數大幅重挫的時候，例如：戰爭、疫情等不可控因素，就是彎腰撿鑽石的最好時機。如同巴菲特的經典名言「別人貪婪時我恐懼，別人恐懼時我貪婪」。

至於要如何定義台股是大跌？哲哲認為最簡單的方式，就是用移動平均線當作依據。

❖ 指標二：用均線判斷空頭 & 多頭

1. 移動平均線是什麼？

移動平均線（Moving Average，縮寫 MA），以下簡稱均線，代表市場在過去一段時間內的平均價格，投資人能輕易在看盤軟體看到這項技術指標。由於線圖一目了然，方便判讀，又有一定的參考價值，時至今日均線仍被廣泛應用，如同多數人聽過的黃金交叉與死亡交叉，都是很常見的技術指標。

(1) 公式與週期

均線為計算過去一段時間的歷史平均成交價格，公式為過去一段時間內的價格相加，除以週期頻率，如下：

N 日移動平均線＝N 日收盤價的加總÷N

週期 N 可以自行決定，假設希望計算最近 5 根 K 線的平均價格，可以在移動平均線的參數設定 5，一般常用的週期如下：

- 5 日均線（5 MA）：又稱為 5 日線或週線（一週有 5 個交易日）→ 短期均線
- 10 日均線（10 MA）：又稱為雙週線（兩週有 10 個交易日）
- 20 日均線（20 MA）：又稱為月線（一個月約有 20 個交易日）→ 中期均線
- 60 日均線（60 MA）：又稱為季線（一季約有 60 個交易日）

- 120 日均線（120 MA）：又稱為半年線（120 個交易日約半年）→ 長期均線
- 240 日均線（240 MA）：又稱為年線（240 個交易日大約一年）

(2) 均線判讀意義

均線最主要的功能，在於判斷市場強弱與未來可能的趨勢方向。均線上揚表示股價強勢，均線下彎代表股價弱勢。若一檔個股短、中、長期均線，依序由上至下排列且全部上揚，稱多頭排列，有利股價持續走揚。反之，則為空頭排列，股價恐怕將持續下探。

均線多頭排列

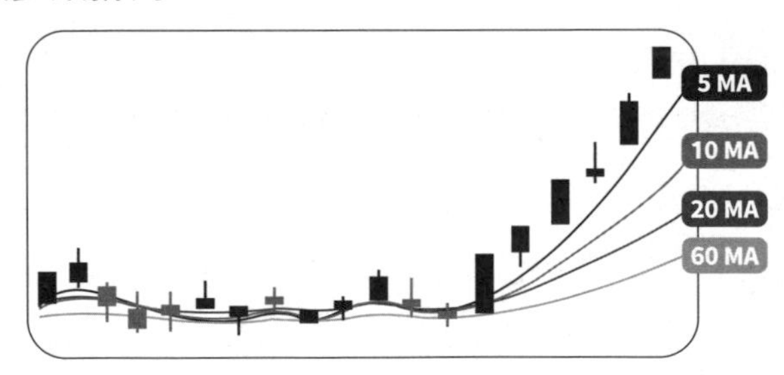

均線空頭排列

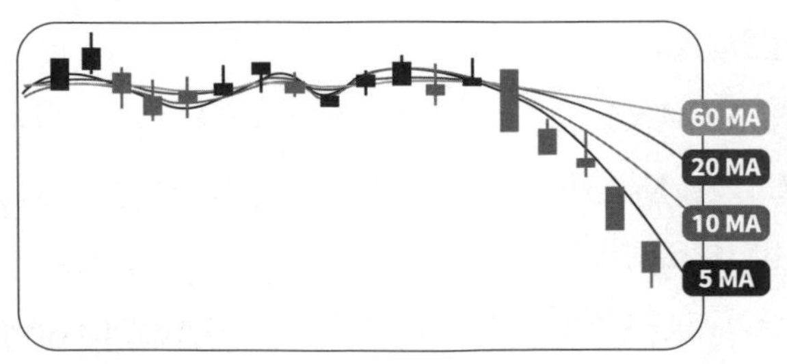

此外，當股價位於均線之上，下方多頭排列的均線，經常被用來當作多方的防線。也就是說，當股價回檔至均線附近時，先前沒買到股票的投資人，就會想要在這時候進場（因為變便宜了）。此時的買盤就會產生支撐力量，等到想買的人變多、想賣的人變少了，買盤力道加大，就會再一次推動股價，重回上漲的趨勢。

反之，下跌時均線提供的作用，也與上漲時相反。當股價位於均線之下，上方空頭排列的均線，經常會被視為上漲的壓力區。當股價反彈至均線附近時，可能會因為抄底搶反彈的人獲利了結，加上解套的賣壓，使股價遇上賣盤壓力。如果此時賣盤的力道多於承接的買盤力道，就會使股價再次回到下跌的趨勢，繼續下跌。

⑶ 均線跌破這些位置時，要分批進場

哲哲 20 多年來的交易經驗，發現有幾條均線相當相當好用，當加權指數跌到這些均線位置時，便是分批逢低進場的機會，能大大提升長線報酬率。分別是三年線（月 K 線的36 MA）、五年線（月 K 線的60 MA），以及十年線（月 K 線的120 MA）。

當然，台股跌到十年線的機率非常低，是可遇不可求的機會，一但遇到加權指數跌到十年線位置時，就是買、買、再買、大買。

圖 3-5 為台股近 20 年來的加權指數走勢，圖中的三條線，由上至下分別代表三年線、五年線及十年線。這 20 年來，加權指數僅有四次觸及十年線（圖上圈起處），而那四次，也都發生重大國際事件：**2008 年次級房貸泡沫引發全球金融海嘯；2011 年 12 月歐債危機與金正日過世；2015年8月中國股災；2020年3月爆發新冠肺炎。**

圖 3-5 近 20 年加權指數走勢圖

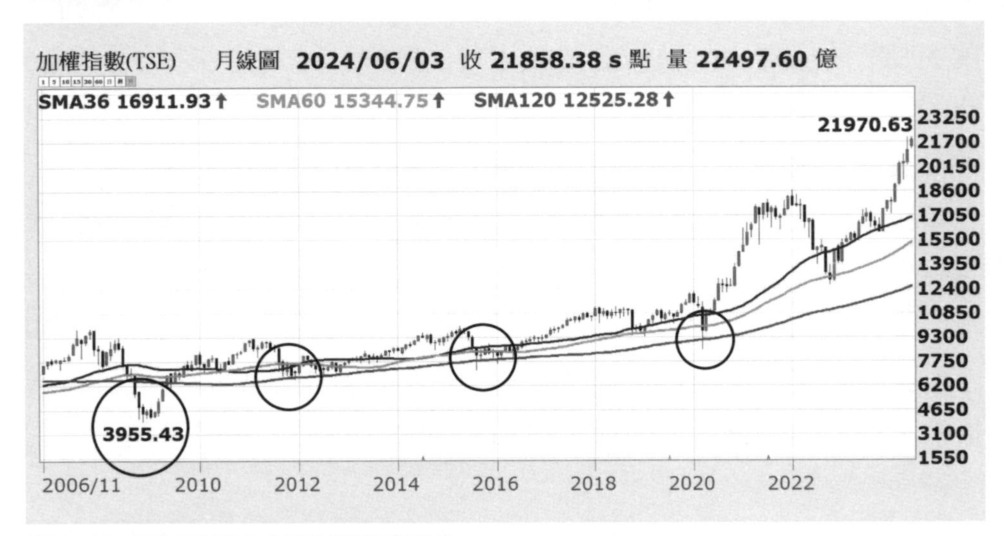

資料來源：國家發展委員會景氣指標查詢系統

更重要的是，每次跌到十年線，加權指數就很神奇地開始止跌，之後必然走出一段大幅度反彈，並且再創歷史新高，也難怪市場有句話叫「十年大底」。

所以日後當指數跌到十年線底部時，投資人務必抓緊機會、大力買進 0050，日後很有機會賺進可觀的波段獲利。順便再說個祕密，每次跌到十年線時，國安基金有很大機率會進場喔！

指數跌破長期均線的操作法，或許投資人會覺得很無聊，畢竟要跌到長期均線的機會相對較少，台股又不是天天都有大跌可以撿便宜。哲哲知道大家的心聲，所以額外做了一個相對短期均線的回測統計，就是以 10 日均線（雙週線）及 240 日均線（年線）作為標準。

以近 10 年來說，如果趁加權指數跌破年線時買進 0050，並在漲過 10 日線時賣出 0050，如此反覆區間操作，不考慮手續費下，年化報酬率為 8.87%。近 10 年的交易次數約 30 次，勝率達 73.33%。這額外的報酬與較高的操作頻率，或許可以滿足一點點想要投機的心態。

❖ 指標三：觀察本益比，判斷股價合理價格

本益比（Price to Earning Ratio 簡稱 PE，單位是「倍」）對於剛進入股市的投資人或許會覺得有點陌生。簡單來說，這是個可用來快速判斷股價現在是昂貴或便宜的神奇數字。理論上，經由計算本益比，能知道投資一檔股票的回本時間，同時也能判斷企業股價估值高低與獲利能力。

舉例來說，某檔股票的本益比為 10 倍，表示在淨利潤不變的狀況下，買進這檔股票 10 年能賺回本。本益比的公式如下：

本益比＝股價÷每股盈餘

注：每股盈餘＝稅後淨利÷在外流通發行股數

每股盈餘（Earnings per Share，簡稱 EPS）

稅後淨利（Net Profit）

哲哲怕大家看到這裡會被一大堆會計專有名詞嚇跑，關於如何計算就講到這邊，畢竟現在各大軟體跟網站都會直接列出本益比這個數值，投資人只要能判讀背後的意義即可。

我們只要記住：本益比高，表示現在股價昂貴；本益比低，表示現在股價便宜。本益比高低的判讀意義如下表：

	本益比高	本益比低
購入股票價格	較高價格	較低價格
回本時間	長	短

那麼問題來了，本益比多少算高？多少算低？一般來說，如果公司的每股盈餘相近時，市場會把本益比分成三種等級來判讀，分別是小於10倍、10至20倍、大於20倍，對應至股價高低，如下表：

股價高	本益比 > 20倍
股價合理	本益比在10～20倍
股價低	本益比 < 10倍

然而，本益比有個特性，就是產業不同，市場給予的本益比評價不同。因此判斷單一公司股價是否昂貴，不是用絕對的倍數，例如10倍、15倍去看高低。

比較主流的作法，是用相對高低去判讀，也就是把某公司的本益比，與同產業平均本益比去做比較。例如，台灣半導體產業的平均本益比為 25 倍，那麼台積電本益比如果低於 25 倍，可以說是相對便宜。

另外，個股成長性越高，市場容易給越高的本益比評價。因為投資人會預期公司長期的發展與未來獲利水準，即使當前顯得昂貴，只要成長如期發生，那麼價格就顯得合理。

但關鍵是成長要「如期發生」，如果公司真的實現成長，那麼投資人付出的股價就合理，否則「本益比」就變成了「本夢比」（股價成長依據為夢想而不是利益。）

此外哲哲也要提醒，沒有任何一個財報數字是完美的，可以準確預測股價漲跌。因此運用本益比評估時，投資人還需要同步評估企業的景氣循環、未來營收潛力、產業趨勢等綜合指標。

介紹完本益比的意義後，拉回大盤指數。每間公司都有自己的本益比，台股加權指數當然也會有一個平均本益比（坊間大多網站都能直接查詢），而且判讀上更為簡單，可用 10 倍、10 至 20 倍、大於 20 倍來判斷指數位階高低即可。

哲哲根據回測，**發現如果加權指數本益比低於 10 倍，就是可以大力買進 0050 的時候，勝率相當高！**像是 2008 年 11 月金融海嘯，加權指數崩跌到 3,955 點，當時本益比 9.53 倍。以及 2022年 10 月加權指數跌至 12,629點，當時本益比 9.29 倍。如果在這兩個時間點進場，將可賺到相當可觀的波段漲幅。

當然，本益比跌破 10 倍的時機相當罕見，哲哲進一步從最近十年的大跌事件中，歸納出本益比的歷史區間下緣大約在 15 倍，都是非常好買進 0050 的時間點。

如表3-6，2015年8月台股7,203點，本益比12.55倍；2020年3月新冠肺炎，台股8,523點，本益比15.73倍。反之，當本益比漲到20倍以上，就已經走到區間上緣的「昂貴區」，也就是0050的賣點。

表3-6 加權指數本益比

時間點	事件	大盤低點	本益比（正常區間15～20）
2022/10/25	全球經濟衰退危機	12,629	9.29
2020/3/19	新冠肺炎	8,523	15.73
2015/8/24	中國股災	7,203	12.55
2008/11/21	金融風暴	3,955	9.53

投資人定期定額0050的同時，可保留一部份資金來做區間操作。經由觀察本益比高低法，15倍以下買進0050；20倍以上賣出0050，能有效加速本金累積速度，是非常簡單實用的戰法。

❖ 指標四：用股價淨值比，剔除獲利不穩定的產業

股價淨值比（Price Book Ratio，簡稱 PB 或 PBR）又稱本淨比。與本益比法類似，可以用來判斷股價的合理性，及作為買點指標。

$$股價淨值比＝\frac{股價}{每股淨值}$$

公式比較簡單，用「股價」除以「每股淨值」便能計算出股價淨值比，單位是「倍」，代表目前公司股價是淨值的幾倍。

舉例來說，榮榮股份有限公司的股票每股淨值為 10 元，股價目前為 20 元，股價淨值比為 20÷10=2 倍；如果股價變動為 9 元，股價淨值比為 9÷10=0.9 倍

當股價淨值比為 0.9 時，代表投資人獲得 10% 的折讓價格購買該公司股票，也就是大家常聽到的折價購買；而當股價淨值比為 2 時，則代表投資人願意用 2 倍的價錢購買企業的帳面淨資產，此時就是所謂的溢價購買了。

股價淨值比最常被用來評估股價是否被高估或是低估，也就是衡量每股市價（股價）是否符合公司目前的價值。它與本益比有些不同，**股價淨值比更適合評估獲利不穩定的產業（例如：景氣循環股）；本益比較適合評估業績持續成長的股票**。

再複習一下公式，股價淨值比等於「股價」除以「每股淨值」，聰明的你是不是已經看出來了，此數值越低越好，表示現在

每股淨值小辭典

每股淨值（Book Value Per Share，簡稱BVPS）又稱為每股帳面價值，也就是每股的股東權益，代表發行流通在外的股票每一股所含的內在價值。

- 淨值＝公司總資產－總負債
- 每股淨值＝淨值÷發行股數

舉例來說，A公司的總資產為6000萬元，總負債2000萬元，而流通在外的股數為80萬股，可以計算如下：

淨值：6000－2000 = 4000（萬元）
每股淨值：4000 ÷ 80 = 50（元／每股）

當一間公司獲利良好時，總資產越來越多，淨值也會越來越高；但如果公司長期虧損時，代表淨值越來越低，有可能就會造成股價低於每股淨值。

股價越低，或是每股淨值越高。

哲哲觀察到，用股價淨值比來判斷大盤位階，也相當具有參考價值！統計近十年加權指數的股價淨值比，發現高低區間大概落在1.7至2倍之間。換句話說，當加權指數持續下跌，導致大盤股價淨值比跌破1.7倍，就是0050很好的進場買點。反之，當加權指數持續上漲，使得大盤股價淨值比漲過2倍，就是一個波段操作的賣點。

哲哲寫書當下加權指數約 23,400 點，此時的股價淨值比來到 2.6倍（算是該賣出一些股票的點位，當然，不代表看到台股 23,400 點就該賣股，重點在於當下股價淨值比是否過高）。如果要波段操作 0050，顯然現在是賣點不是買點，可不要隨意進場喔！

那麼該怎麼查詢這個數字呢？很簡單，用 Google 搜尋關鍵字「加權指數股價淨值比」，就會出現一大堆網站的統計數據，例如表 3-7 中，台股黑天鵝事件時的股價淨值比（下緣）統計：

表 3-7 加權股價淨值比

時間點	事件	大盤低點	股價淨值比（正常區間 1.7～2）
2022/10/25	全球經濟衰退危機	12,629	1.69
2020/3/19	新冠肺炎	8,523	1.43
2015/8/24	中國股災	7,203	1.49
2008/11/21	金融風暴	3,955	1.09

綜合以上兩小節，**可用來判斷大盤指數高低點的方法，包括：景氣循環燈號、移動平均線、本益比、股價淨值比等方式**。若投資人能多費心觀察這些指標，在加權指數低點浮現時伺機進場，並控制好風險進場，相信能進一步提升 0050 的投資報酬率。

不過，你以為哲哲只是要分享這幾招嗎？錯，我還要再加碼分享一個彩蛋，那就是月份。

對！你沒看錯，在一年之中的某一個月買0050，隔一段時間再賣掉，大概有8成機率能賺取波段財，賺錢就是這麼簡單。你知道是哪一個月嗎？哲哲統計台股這36年來，大盤每個月的平均漲跌幅：

月份	平均漲幅
一月	+3.2%
二月	+3.9%
三月	+1.4%
四月	+2.3%
五月	-0.2%
六月	-1.2%
七月	+1.4%
八月	+0.1%
九月	-1.0%
十月	-1.7%
十一月	+2.3%
十二月	+2.4%

從這張表格，可以一眼看出，一年當中如果 11 月買進 0050，是最容易賺錢的月份。為什麼呢？因為如果從 11 月買進，可以發現大盤平均能連續上漲 6 個月。

再來，我們已經知道，0050 的上半年的配息都比下半年高。因此從 11 月就買進，不只平均能賺到六個月的價差，提高報酬率，上半年還能領到元大投信發出的股利紅包，豈不美哉！

關於配息的部分，最後一章會完整討論 0050 的配息機制，以及為什麼我不推薦大家去買市場上熱度極高的高股息 ETF，請大家接著看下去。

哲哲小叮嚀

想低買高賣作價差，就要花較多時間注意盤勢變化，一發現機會就不要猶豫，果斷進場。

第 4 章

定期定額×長期複利，你也能「躺賺」5 千萬

ETF 聽起來簡單，但最終能獲得豐厚果實的人不多，因為「人性」……

前面兩章敘述我如何靠ETF賺進上千萬，並將獲利捐出做公益的過程，也說明0050 ETF這個金融商品的好處及優勢。本章要進一步探討，如何有效操作ETF。

首先，如第2章說言，指數型ETF受惠於股市長期向上趨勢，只要買進並長期持有，對於懶惰的投資人來說，只要時間夠長，賺到錢的機會相當高。

不過，寫書的當下台股站上兩萬點，就有不少人問哲哲：現在指數不斷刷新歷史新高，還能繼續追0050嗎？不會買在相對高點嗎？

另外，相信很多人也想知道，怎麼買0050效率最高？如何靠0050滾出最多獲利？這些問題，我們可以從投資期間、本金多寡、操作策略，與投資目的等面向來一一解析。

有趣的是，哲哲先把回測答案告訴你，指數型ETF持有30年幾乎穩賺不賠，但你抱得了這麼久嗎？就哲哲長期觀察，人性有貪婪、急躁、害怕等三大不利股市操作的因子，加上一般人都想快速致富，或看到帳面獲利賺了一倍就想落袋為安，或是因為各種理由擔心獲利會消失……

基於以上，能抱一檔股票長達30年的人實在少之又少，除非根本忘記有買。因此唯有正確的觀念、一定的投資經驗，才能降低人性干擾，而這也是我寫本章的目的。

我想先分享一個簡單的方法，如果你現在還不到40歲，手邊又有一筆閒錢不會用到（注意絕對要是一筆閒錢，放在銀行存款的那種錢，而不是貸款或借來的），那麼你應該去開一個證券帳戶，然後拿一部分閒錢砸下去買0050，並且蓋牌（刪掉APP或忘記這個帳戶）。相信我，30 年後當你 70 歲時，會非常感激現在做的這個看似愚昧的決定。

接著，重點來了，請**把以下兩個觀念深深刻自己在投資基因中：一、相信股市長期只會不斷上漲；二、複利效果遠比你想得還要強大**。我會在接下來的段落中詳細解釋，請務必內化到自己的投資腦中，也更有機會能克服心魔。

4-1

堅信股市長期不斷上漲，並把這條視為鐵律

市場有句話「今天的高點將是明日的低點」，完整敘述了股市長期向上的態勢。這個小節，哲哲會花多一點篇幅來解釋，為什麼股市中長期就是會不斷創新高。

先說結論，投資人若是將投資期間拉到30年甚至40年，按照績效回測，投資指數（指數型ETF）賺錢的機率達99.5%。換句話說，僅0.5%會賠錢或持平。

你知道美國道瓊工業指數現在是多少點嗎？我在寫書的當下約38,000點左右。再問大家一個問題，43年前也就是1980年，道瓊工業指數又是多少點呢？答案是900點！

圖4-1中可以看到，從900點到33,600點，43年間漲了37.3倍，真的很驚人！

簡單來說，你只要在43年前投入100萬元買進道瓊工業指數，中間什麼事都不做，也不需再投入任何資金。到了今天，你的100

圖 4-1 道瓊工業指數近 50 年走勢圖

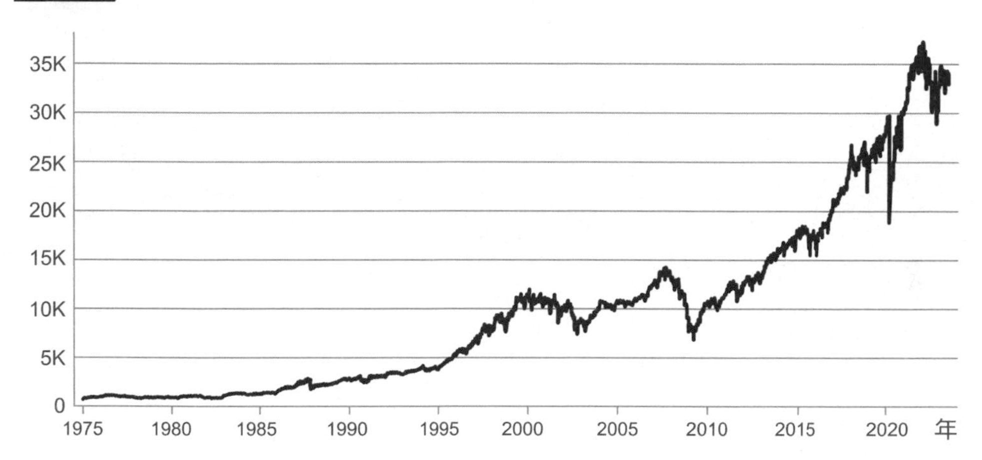

萬會自動變成 3730 萬，聽起來多到不真實，是吧？

但你知道嗎？43 年漲 37.3 倍，換算成年化報酬率也不過 11.57%，聽起來是不是沒有很多呢？這也再次證明複利公式中，時間的威力有多強大！再舉 S&P 500 指數為例，圖 4-2 為 1984 年至今，這 40 年來的走勢圖。

讀者從走勢圖可以一目了然，過去半個世紀來，世界經過無數金融危機。從伊拉克戰爭、911 事件、網路泡沫、雷曼金融海嘯到新冠疫情，即便短線市場大震盪，但 S&P500 指數的長期趨勢都是向上，年化報酬率超過 9%。

這 40 年來，指數價格漲 3000% 以上，翻了 30 倍，如果計算含息總報酬，報酬率達到 110 倍以上。換句話說，如果 40 年前不小心拿 100 萬元買進 S&P500 指數 ETF，如今資產已經暴增到 1 億 1 千萬。

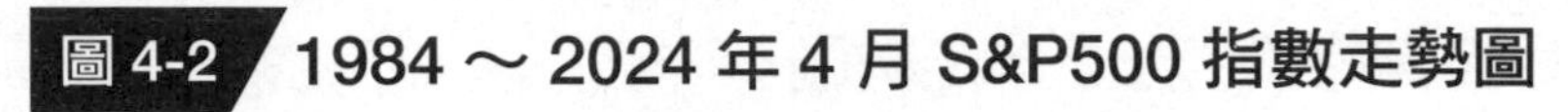
圖 4-2 1984～2024 年 4 月 S&P500 指數走勢圖

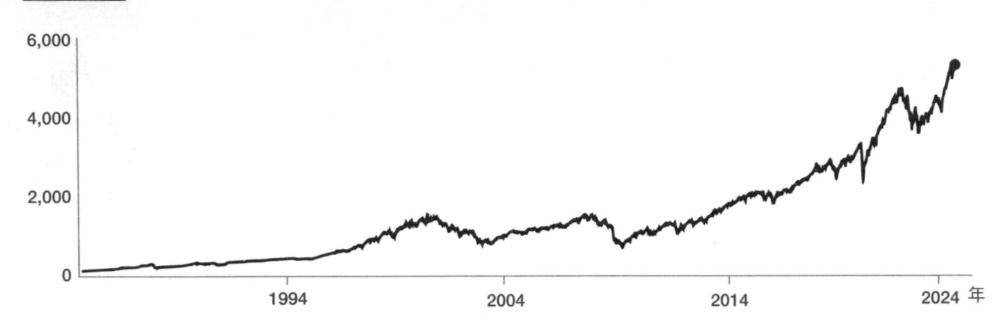

而台灣的 0050 至 2023 年 6 月成立滿 20 年，這段期間歷經 2008 年金融海嘯、2011 年歐債危機、2015 年陸股崩跌、2018 年美中貿易戰、2020年全球疫情等考驗。即便如此，0050 這 20 年來含息報酬率仍高達 550.8%。

從歷史經驗發現，不論是道瓊工業指數、S&P 500 指數還是台灣加權指數，都能看到就長期來說，指數不斷往右上成長。雖然過程中會出現震盪，但下跌修正後總是再創新高。

你一定會想問：股市長期為什麼會一直創新高？這背後有哪些因素在推動呢？以下哲哲從宏觀的角度分析，包括通膨、人口、科技、政策到心理等面向。

❖ 股價將持續創新高的 5 大理由

1. 通貨膨脹

通貨膨脹指的是整體價格或物價水準持續上漲的經濟現象，只要經濟持續成長，勢必會伴隨通貨膨脹。當物價上漲，企業自然而然賺更多錢，營收會不斷增加。

假設毛利率相同，營收增加的情況下公司的利潤增加，EPS 就會增加，股票價值也就會同步增長。所以，通膨是股市不斷上漲的重要推手。

但有一點要注意，那就是只有通膨溫和時，上述的情況才會成立。根據美國聯準會的說法，每年 2% 的通貨膨脹率對經濟是有利的。如果通膨過高或過低，都會對經濟和股市造成不利影響。

過高的通膨會導致購買力下降、生活成本上升、利率上升等問題；過低的通膨則可能反映出需求不足、經濟衰退、利率下降等問題。因此自 2022 年開始，面對市場通膨嚴重惡化，聯準會再次啟動升息來打擊通膨，目標就是要將通膨率壓到 2% 的水準。

我想說的是，不論通膨如何升溫或降溫，背後都有一隻「看得見」的手，將通膨的成長速度維持在 2%。換句話說，通膨無論如何都會存在，成為驅動股市不斷向上的動力之一。

2. 人口成長

2022 年 11 月 15 日，世界人口突破 80 億人。人類專家們大多同意到了本世紀中葉，人口將會超過 90 億，如下圖。

圖 4-3 世界人口成長預估

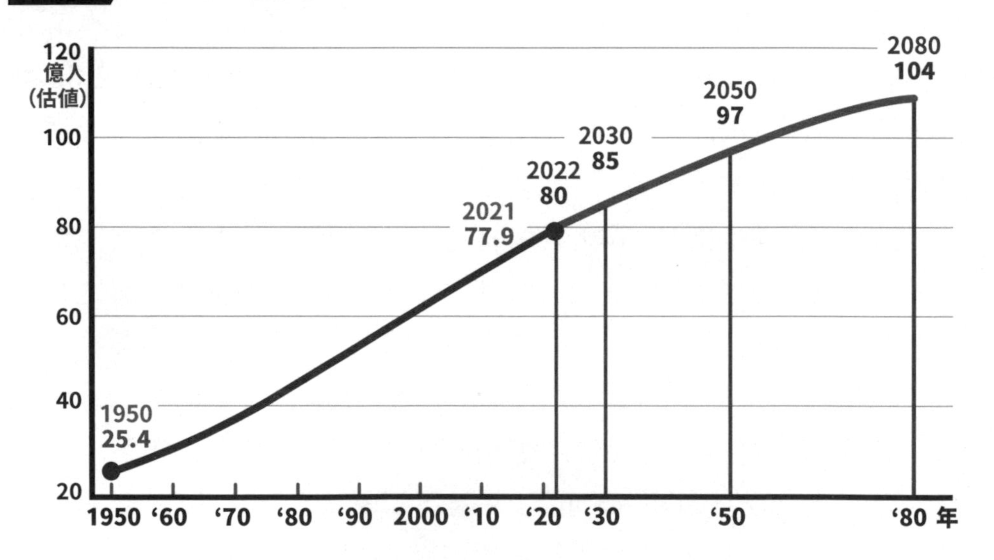

資料來源：聯合國

企業的潛在客戶變多，同樣會帶動營收和獲利成長，讓企業變得更有價值。更多人口也會帶動更多生產力，供給和需求同時增加，必然會帶動經濟成長，是不是就又帶動通貨膨漲了呢？股市自然而然也會上漲。

不要看現在台灣少子化很嚴重，人口甚至會負成長，世界從來都不是繞著台灣轉的，想做好股票就要展望全世界！根據聯合國統計，在 2080 年以前，全球人口可能成長至超過 100 億人。

此意味著未來幾十年內，全球人口將增加約 30%，這對於各種產業和行業都是巨大的商機。例如，食品、水、能源、住房、教育、醫療、交通等基本需求都隨之增加，而科技、娛樂、金融、旅遊等高階需求也將增加。因此，人口增長就是股市長期上漲的另一個原因。

3. 科技創新

慾望，是科技創新的原動力。人類的歷史就是這樣一路走過來的，當一個全新的東西被發明出來後，人們的慾望會短暫得到滿足，但不會持續太久，因為慾望會持續膨脹。

以手機為例就知道了，100 年前的人們，能預料到現代人人一支手機嗎？幾十年前，使用 BB Call、黑金剛、傳統按鍵式手機的人們，會預料到現在的智慧型手機不只能上網，還能拍出比當年數位相機更厲害的照片嗎？時至今日，AI 又開啟新的科技進程，進一步帶動美、台股相關 AI 公司的股價衝破歷史高點。

每一次的科技創新都可以提高生產效率、降低成本、增加品質、創造新的市場以及擴展消費者群體，從而促進經濟增長和社會進步。科技創新也可以促使產業結構發生變化，使一些傳統產業被淘汰或改造，而新興產業得以崛起或壯大。

例如，工業革命帶來鐵路、煤礦、紡織等產業的發展，並促進股票市場的形成和擴張；電氣革命帶來電力、電話、無線電等產業的發展，並促進股票市場的多元化和國際化；資訊革命帶來電腦、網際網路、智慧型手機等產業的發展；到現在最新的 AI 革命，更帶動互聯網、晶片、IC設計、資訊工程等產業革新，皆促進股票市場的數位化和全球化。

也不難預料，當AI技術更加成熟後，又會有另一個超越AI的創新科技橫空出世，將股市再次推向新高。

4. 政策刺激

政策刺激是指政府或中央銀行採取一些措施，以影響經濟活動和金融市場的運作。政策刺激通常分為「財政政策」和「貨幣政策」兩種，如下表。

表4-4 財政政策VS.貨幣政策

政策	財政政策	貨幣政策
實施單位	政府部門	中央銀行
實施目的	促進經濟穩定	促進經濟穩定
實施類型	擴張性財政政策（增加支出或減稅） 緊縮性財政政策（減少支出或加稅）	寬鬆貨幣政策（調降利率） 緊縮貨幣政策（調升利率）
實施方法	政府支出和稅收	控制貨幣供給量

財政政策是指政府經由調整稅收和支出來影響經濟活動；貨幣政策是指中央銀行經由調整利率和貨幣供應來影響金融市場。而這些措施的目的，皆是在經濟過熱時提供調節，穩定市場金融。

大家要注意，政策刺激對於股市的影響往往是直接而明顯的。

例如，2008 年發生全球金融危機後，美國聯準會實施 QE（注）等非傳統貨幣政策，以降低利率和增加貨幣供應，從而刺激經濟復甦和股市反彈。

再例如 2020 年 COVID-19 大爆發後，美國政府再次實施無限 QE，通過數兆美元的紓困計劃，並提供稅收減免和直接補助。目的是幫市場注入流動性，避免陷入各種可能的經濟危機。

根據統計，2020 年的那波 QE，美國印製了超過 4 兆美元的鈔票，這股熱錢不僅刺激消費環境，也大幅推高股市水位。

5. 預期心理

投資朋友們，有聽過「預期心理」嗎？人們對未來的預期狀況，會導致通膨發生。舉例來說，員工預期未來物價會越來越高，向公司提出加薪。公司的人事成本提高後，將成本移轉至銷售端使

圖 4-5　通膨與預期心理

資料來源：Mr.Market 市場先生

注：QE 指量化寬鬆政策，也就是市場俗稱的印鈔票。

產品售價提高。最後物價真的變貴，員工對通膨的預期成真。

更極端的舉例，民眾如果有預期心理，認為未來東西會變貴，可能會搶買商品或囤貨，導致需求增加、物價上揚。結果原本不會發生的通膨，反而因為民眾的預期心理而自我實現。

此外，投資人對於股市的預期、信心、情緒和行為等心理因素，也會影響股市的需求和供給，進而影響股價變動。市場心理具有群體效應和自我實現效應（注），可能使股市出現超越基本面的波動，甚至形成泡沫或恐慌。

例如，1990年代後期美國股市出現網路泡沫，許多與網際網路相關的公司，股價飆升到不合理的高點，投資人對於網路產業的前景過度樂觀，忽略了公司的盈利能力和競爭力。

再例如2008年美國股市出現金融危機，許多與房地產相關的公司，股價暴跌到不合理的低點。投資人對於房地產市場的風險過度悲觀，而忽略了政府和中央銀行的救助措施。因此，市場心理是影響股市走勢的一個重要因素。

但大家要知道，人性是貪婪的，每個人都希望手上的股票不斷上漲。在人人期待股價上漲的環境下，若沒有黑天鵝干擾，股市多數時間都呈現上漲的格局。

綜合上述的各種因素，使得股市長線來說易漲難跌。因此請務必堅信，今天股市的高點就是明日的低點。

❖ 0050 的成分股會汰弱留強，適者生存

事實上，**大盤上漲就是達爾文的適者生存主義**。市場和大自然一樣是很殘酷的，在大自然中生存必須夠強大，只有適者才能夠生存，不適者通通都會被淘汰。市場也是如此，只有不斷賺錢的公司才能夠在市場上存活，一家不停虧損的公司，總有一天會把自己搞垮。

0050 是以台灣上市櫃 50 家公司作為成分股、S&P 500 是以美國市值前 500 大公司作為成分股，能夠被選為指數成分股的公司，都是菁英中的菁英。

0050 和 S&P 500 的首要選股條件，都是以市值為排序依據，只要市值不達標準，就會自動被淘汰；市值到達標準，就會自動被納入。在此被動汰弱留強的機制下，投資人完全不需要擔心。

接著我們來細看美國 S&P 500 指數的篩股條件。

- 流通市值在 131 億美元以上（隨時會調整）
- 總部設在美國
- 每年的交易量要大於它的總市值
- 在過去 6 個月中，累積交易股數超過 25 萬股
- 大部分股份在公眾手中

注：群體效應，指投資人往往會跟隨大多數人或權威人士的意見和行動，形成一種共識或趨勢。
自我實現效應，指投資人的預期或信念會影響他們的行為，進而影響股市的實際走勢。

- 自首次公開發行募股至少半年
- 連續4個季度的財報淨利都為正

這些條件僅僅是最低門檻，全部都達到也不一定入選，畢竟只有500個位子名額有限。在S&P 500中，可以一直保持在前幾名的都是最厲害的公司，這些公司時常出現大者恆大的現象。

以目前全世界市值最大的企業蘋果為例，2014年總營收超過1820億美元，淨利潤395億美元。到了2022年，總營收已經來到3943億美元，淨利潤則是高達998億美元。

8年期間營收變為2.1倍，淨利變為2.5倍。蘋果的營收與獲利都如此成長了，那股價呢？2014年至2022年，如下圖，股價翻了6.5倍之多！

圖 4-6 蘋果股價走勢圖

資料來源：XQ

說了這麼多只是要讓你知道，指數只會不斷上漲。因為被選進指數成分股的公司都是菁英，而且會不斷汰弱留強。

就像 0050 的成分股，前十檔為台積電、聯發科、鴻海、廣達、台達電、聯電、中信金、日月光投控、富邦金、中華電等，皆是台灣最強大的企業。

當然，未來有一天或許會出現更強大的企業，市值超越上述十檔，因此 0050 的成分股或許會也會被新一批所取代，而唯一不變的，就是 0050 不斷上漲的趨勢。

哲哲小叮嚀

無論如何都要堅信，股市長期只會不斷向上，並把這句話視為投資鐵律。

4-2

西洋棋、複利及神奇的72法則

愛因斯坦說複利是世界第八大奇蹟，它比原子彈的威力還大，這些話相信很多人都不陌生。

但事實上，這句話只描述了一半。因為複利相當於「時間槓桿」，因此還要加上「時間」這個要素，時間越久，複利效果就會越大。

❖ 不可小看的複利威力

講複利的公式之前，哲哲先分享一個關於複利的經典故事。

從前古印度有個國王在全國張貼告示，寫著有誰能替國王找到好玩的遊戲，就能獲得重賞！結果有位智者發明了一種棋子（相傳就是現在西洋棋的前身，棋盤由 8×8 格共 64 格組成）令國王百玩不厭，於是便決定重賞這位智者，國王問他想要什麼獎賞。

智者想了想，看了 8×8 總共 64 格的棋盤，他說：「陛下，我只想要一點點稻米。請您讓人把稻米放在我發明的棋盤內：第 1 天在第 1 格放 2 粒米，第 2 天在第 2 格放 4 粒米，第 3 天在第 3 格放 8 粒米。依此類推，每 1 個格子的米都是前 1 天的 2 倍，直到放滿 64 格就行了。」

國王聽了之後哈哈大笑，他覺得智者真是有趣，宮殿裡滿山的金銀財寶都不要，反而提出這樣一個「笨」要求，反正穀倉的稻米多著呢，填完 64 個棋格實在是小意思。

於是傳令糧食大臣：「答應智者的要求，現在就從糧庫把稻米拉過來。」在場的每一個人，都認為一小袋稻米就能填滿棋盤，一些人甚至忍不住笑了起來，認為這個智者根本不聰明，甚至是位愚者。

稻米被拉來後，糧食大臣開始填起棋盤，國王為了表示慎重，特別指派糧食大臣穿著禮服，並將米放在精緻的碗器裡。第 1 天放 2 粒米，第 2 天放 4 粒米……前 5 格很快就被填滿，而此時還沒有用完一小碗稻米。但是慢慢地，所用的稻米開始明顯多了起來，32 粒、64 粒、128 粒、256 粒、512 粒、1024 粒……

隨著稻米被放置的方格越多，搬運工具也從碗換成盆，又從盆換成籮筐。即使到了這個階段，大臣們還是笑聲不斷，甚至有人提議不必如此費事了，乾脆裝滿一馬車稻米給智者好了。面對旁人的冷嘲熱諷，智者始終安靜地微笑著，並沒有多做解釋。

可是不知從哪一刻起，喧鬧的人們全都安靜了下來。因為到第 16 天，需要拖出大型米袋用倒的了。到了第 20 天，居然需要用到 100 萬粒米，這時大臣已經拿不動，只能命令搬運工人搬運。（如果到第 30 天，大家猜猜要送幾粒米？答案是 10 億粒米，相當於 2 萬公斤！）

這時國王和大臣們發覺，即使傾注全國所有稻米，也不足以放滿棋盤的 64 格。米粒增加的速度，讓在場所有皇親國戚嘖嘖稱奇。國王更是尷尬，因為整個王國的稻米根本不足以滿足智者的要求，最終向智者認輸。

事實上，聰明的智者只是運用了數學中的幾何倍增原理：假設把第一個格子的一粒米粒寫成 2 的 0 次方，第二個格子寫成 2 的 1 次方，第三個格子寫成 2 的 2 次方……如此類推。那麼第 N 個格子，就可以寫成 2 的 N-1 次方。

智者所研發的棋盤一共 64 個格子，到了第 64 個格子的時候，需要放的稻米數量就是 2 的（64-1）次方，計算的結果是「9,223,372,036,854,775,808」，高達 19 位數，突破千萬兆。這可是好幾十輩子都吃不完的數量，由此可見複利效應的恐怖。

看完這個故事之後，會不會感到有點驚訝呢？假如棋盤代表年份，稻米代表你的資金，到了第 64 年，你就能得到 2 的 63 次方的錢。

不過，這在現實中不容易做到，因為在這個故事當中，前提是每年都要把你的資金翻一倍，才能達到幾何倍增的效果。

回到複利，簡單帶一下高中數學的複利公式：

FV ＝ PV×（1 ＋ R）n 次方

FV 為期末本利和

PV 為期初本金

R 為利率或報酬率

n 為期數

把中文帶進公式後如下：

本利和＝期初本金×（1＋利率）^{時間}

假設某項投資每年可獲利 10%，依照簡單的利潤計算，100 萬元的投資每年可獲利 10 萬元，十年後可獲利 100 萬元。但如果以「複利」計算，儘管年利率也為 10%，每年實際賺取的金額將繼續增加。

若以上述的 100 萬元進行投資，第一年投入 10 萬元；第二年的本利和為 110 萬元的 10%，即 11 萬元；第三年的本利和為 12.1 萬元。到第十年末，總金額近 160 萬元，比用「單利」計算多了 60 萬。

❖ 神奇的 72 法則

複利能讓資產以等比的方式增長，而你知道透過複利，要多久能讓資產翻倍嗎？哲哲分享一個神奇的「72 法則」，72 法則所指的就是一筆資金不取回利息，讓利持續滾利，然後本金翻一倍所需的時間。

這個公式好用的地方在於它能以一推十，算法很簡單，用72除上年報酬率就可以推得所需的時間。假如以1%的複利來計息，經過72年以後，本金會變成原來的一倍。假如一檔投資產品的年報酬率為8%，那麼只要9年（72除以8），本金就變成一倍。

0050的年化報酬率超過10%，那麼只要持有7.2年的時間（72除以10），本金就能翻倍。若年報酬率可以做到20%，那只要花3.6年時間（72除以20），資產就能翻倍。

72法則可以讓我們以極簡單的算術方式，計算出複利所需的回報率或投資金額翻倍的年數，很神奇吧！

想讓複利效應最大化，關鍵在於本金×時間×報酬率，這三個值越高，複利效果就越強大。若是運用在投資上，哲哲歸納以下三個重點：

1. 想充分利用複利效應，務必儘早開始投資，越早規劃財務計畫越好。

2. 盡可能努力提高本業收入，這才是累積財富、創造複利的根本（有富爸爸或中樂透另當別論）。本業之外，也可創造第二收入，以存到一桶金、兩桶金為目標。當本金一大、報酬率拉高，資產將會有顯著的增長。

股票就是「價格×張數」的遊戲。如果你的錢只夠買一張股票，股價漲2元只賺到2千元，或許很無感。但如果你存到100張股票，隨便漲個2元，就輕鬆獲利20萬元。

3. 保持穩定的投報率：將拿到股息再投入，以創造複利效果，同時避開大賠的風險。例如 ETF 有配息，又是投資一籃子股票，波動風險必定比個股來得低。

哲哲小叮嚀

複利的力量遠比你想像的還要強大，要保持耐心…保持耐心…保持耐心…

4-3

定期定額幫你撐過低點、賺在高點

理解股市只會不斷上漲，以及複利的強大以後，接下來就要探討投資策略運用。首先要討論的就是最適合一般投資小白、小資族、存股族的定期定額法。

定期定額在這幾年的台股，已經成為顯學。顧名思義，定期定額就是每隔一段時間（通常是每個月），投入一筆固定的資金買進股票或ETF。

在定期定額期間不論市場怎麼走，例如股價平盤整理還是暴漲暴跌，都不會影響投資長期績效，這也是定期定額最大的優勢。因此**投資人要調整心態，把定期定額當作一種儲蓄行為，就不會太在意市場波動**。等幾十年後你需要用錢時，打開戶頭可能會嚇到，因為戶頭裡面的錢會比你想像中的還要多很多。

上一節提到複利公式：本利和＝期初本金×（1＋利率）^{時間}，而定期定額的公式再由此展開，冠上Σ。

如果是很討厭數學的讀者，應該已經想把這本書闔起來了，所以這邊我就不多做贅述。有興趣了解完整公式的，網路上都有很多資料可以查詢。

❖ 定期定額無腦買 0050，買在高點也不怕

應該有些人認為定期定額太無聊，每個月扣款就沒事了，好像生活少了點激情。但先說結論，0050 最無腦的賺錢方法，就是定期定額不斷買進，**這是最適合存款不多的小資族買法，可以當作強迫儲蓄，請把 ETF 當作一個存錢筒就好**。

定期定額的具體操作也很簡單，就是每個月拿出一點錢投入股市。事實上，現在坊間的券商下單 APP，都可以設定自動扣款。扣款週期可以設定每天、每週、每月，端看每個人的投資規劃。投資人不需費心去記何時要下單，或是去研究單一個股，因為買 ETF 就是買進一籃子的股票，能輕鬆參與股市的行情。

定期定額策略最大的優勢就是不用怕買到高點，因為長期下來，會有平均成本的效果。

舉例來說：阿榮在加權指數 2 萬點的時候，開始做定期定額。隨後指數一路下滑，跌到 1 萬點，但期間持續保持定期扣款。而阿華則是在加權指數 1 萬點的時候，開始做定期定額，隨後指數一路上漲，漲到 2 萬，期間也持續保持定期扣款。

聰明的你有發現重點嗎？如圖4-7，阿榮從股市高點開始定期定額到股市低點，阿華從股市低點開始定期定額到股市高點。但最終結局，阿榮跟阿華的平均成本將是一樣的，兩者的平均成本都會靠近指數15,000點的位置。

圖4-7 持續定期定額，長時間會趨於平均成本

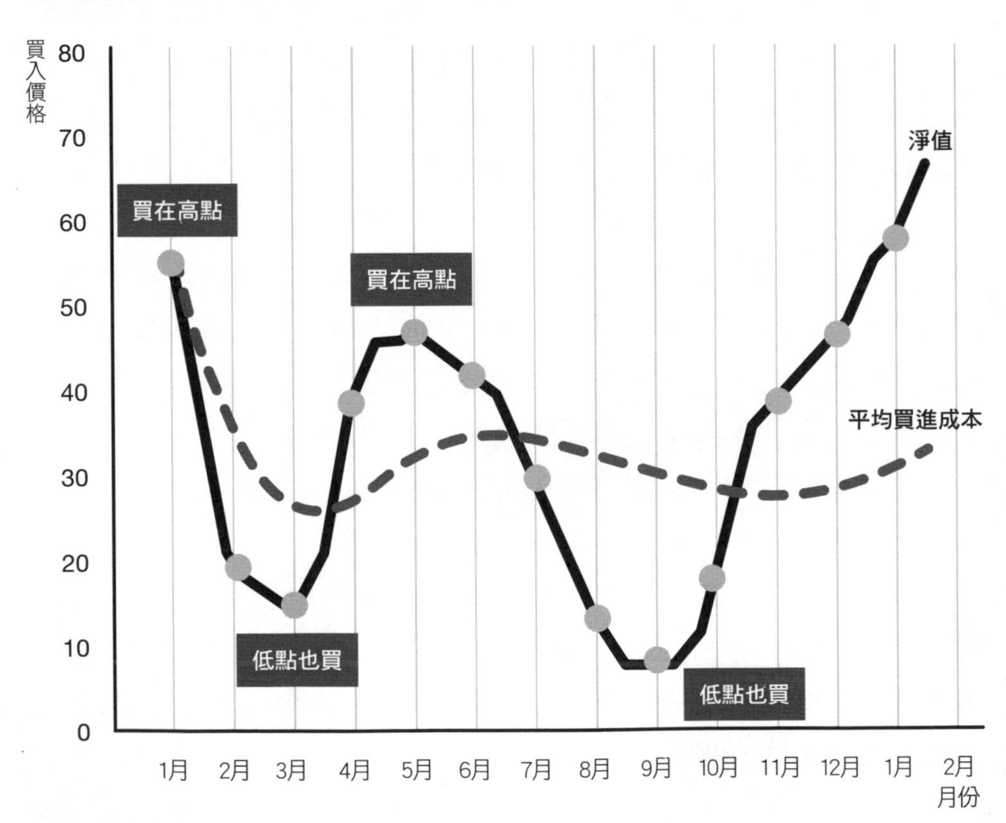

資料來源：風傳媒

因此，採取定期定額策略時，不用特別在意市場的高低點，因為這招是用時間換空間的策略。只要時間夠久，持有成本都會趨近於股市長線的平均成本。

從這張圖就能很清楚看到，就算定期定額一開始進場的時候買在高點，也沒有關係，只要好好遵守定期定額的規則，不論是高點還是低點，通通都會買到。也就是說，不論何時進場，最後的成本都不會相差太遠。

❖ 低點千萬別停扣，越低越要買

但哲哲觀察到很多人有個壞習慣，就是在股市行情不好的時候，怕後續價格會更低，或是想等局勢穩定一點再說，反正會用各種雜七雜八的理由，做出減少定期定額扣款的決定，甚至乾脆暫停定期定額。

這種行為，可以說是直接否定了定期定額的理念，千萬不要做！如果看到行情不好就害怕而不敢繼續投入，定期定額就無法發揮平均成本的效果，那要如何降低投資成本？

不如說，正確的觀念反而是越跌越該買。因為在行情不好時買越多，等到後續股市回溫，你手上的籌碼就越多，賺的當然也會越多。調整心態吧！如果看到行情不好如同看到獵物般興奮，那在股市中，你會成為最後的贏家！

依照平均成本的效果，長期投資的進場時間點其實是越早越好，但前提是，投資策略必須要是定期定額，而不是單筆投資。如果你想要單筆投資，那麼進場的時機點至關重要，但抓到股市的相對低點，又談何容易呢？

很多華爾街交易員、股市老手，終其一生都想找出股價的高低點位置，但最後 99% 都是徒勞無功。不想那麼累的話，還不如一開始直接定期定額就好了！

如果你現在有點心動想開始定期定額，馬上去做吧，千萬不要妄想跌到低點時再進場。

哲哲小叮嚀

請把 ETF 當作最強大的存錢筒，無腦存錢進去就好。

4-4

別覺得不可能！滾出 5 千萬比你想像中簡單

想靠定期定額滾到 5 千萬，你覺得要多久？或許正在看書的你會覺得根本不可能，這個數字聽起來遙不可及。但真的是這樣嗎？前面用西洋棋盤的故事告訴你複利的偉大之處，哲哲在這邊用實際的數據算給你看，用定期定額存到 5 千萬，其實比你想的還簡單。

以最近十年來說，美國聯準會總共實施兩次大規模的 QE。2012 年 9 月，鑑於當時就業成長緩慢，失業率居高不下，聯準會為促進經濟復甦力道而執行。

而 2020 年因全球疫情大爆發，在經濟百廢待舉的影響下，聯準會於當年再次執行 QE，導致市場湧入大量的熱錢。全球股市近十年在 QE 政策的背景下，一步步被推向歷史新高，台灣加權指數也不例外。

根據回測，近十年 0050 的年化報酬率約 11.53%。如果以此報酬率計算，每個月定期定額投入 10684 元，只要 30 年就能滾到 3

千萬；而每個月存17976元，30年後就能滾出5千萬如下表，這就是複利的威力！

年化報酬率	每月投入金額	30年後金額
11.53%	10684元	3000萬
11.53%	17976元	5000萬

這個數字有沒有嚇到大家呢？哲哲再抓簡單一點的數字，假設以每個月投入18000元來計算，你知道連續投入30年的總成本是多少嗎？

18000×12×30=648（萬）

沒錯，648萬只要經過複利，30年之後就會變成5000萬！相信對大多數的人來說，每個月存18000元不是很難，現代人又越活越久，有的是時間執行定期定額的計畫。看到要賺5000萬沒有想像中難的你，是不是覺得有努力工作、好好存錢的動力了呢？

當然還是要強調，過去獲利不保證未來績效。這十年0050的年化報酬率是11.53%，但沒有人能保證未來一樣會是11.53%，會更高還是更低只有天知道。至少該檔ETF從掛牌至今20年的年化報酬率約為10%，已經算相當不錯。但基本上能確定，0050長期只會不斷上漲。

那問題來了，如果年化報酬率低於 11.53%，又想賺到 5000 萬，該怎麼做呢？方法只有兩種：

一，提高每月扣款金額

二，延長投資年限，或是提早開始投資

這是在報酬率固定的情況下，想要賺得比別人多、賺得比預期高的唯二方式。當然，用說的永遠比做的簡單，這些簡單的道理雖然很多人都懂，但很多人就是怕東怕西，遲遲沒有動作，重點只在於到底有沒有決心去做而已。

如同這一章的副標所言：**ETF 聽起來簡單，但最終能獲得豐厚果實的人不多，主因於在人性**。請一定要記住，年輕就是本錢，越早開始投資越有優勢。如果已經不年輕也沒有關係，中年的優勢就在於有較多資金，提高投資金額，也能提早達成投資目標。

本章用了相當多佐證，告訴你為什麼股市中長期就是會不斷創新高。不過，我們所說的創新高，並不是一路平穩往上。也就是說所謂的「年化報酬率 10%」，不是指每年都能賺到 10%，而是「平均下來」每年賺到 10%。有可能是今年跌 20%，然後明年漲 50%，如此換算下來，年化報酬率也差不多接近 10%。

如果你買的是類似 0050 的指數型 ETF，長期要在股市中賺錢真的不是什麼難事。但問題是，在這個長期的過程中，可能會碰到大大小小的股災。

例如，2008 年的金融海嘯，加權指數直接對折再對折。2020 年因為疫情股市快速修正 30%，或許很多人根本就撐不過這種大幅

圖 4-8 歷年台股漲跌幅統計圖

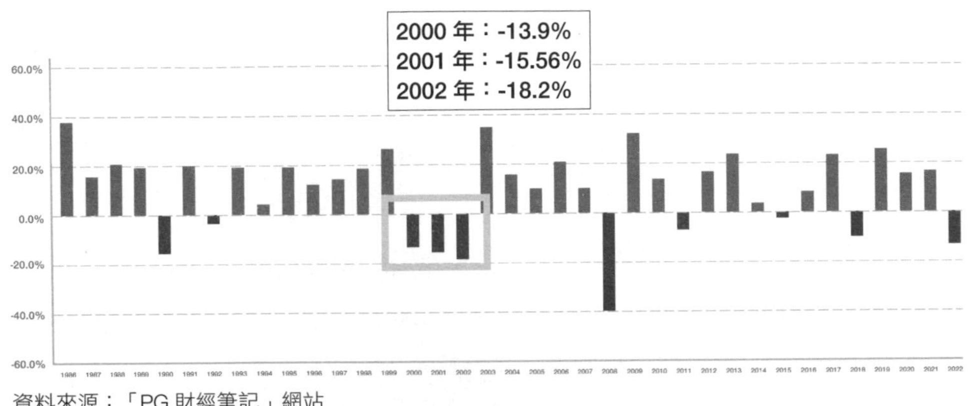

資料來源：「PG 財經筆記」網站

度的帳面虧損，帶來的心理壓力實在是太大了。但只要撐過去、持續定期定額，之後就會享受到甜美的果實，圖 4-8 為股市歷年漲跌幅統計。

從過去的經驗來看，只要長期持有股票，承擔市場波動風險所換來的獎勵，大概是長期的年化 6 至 9% 左右。這句話值得大家細細品味，很多人已經了解長期而言股票就是會不斷上漲，但還是賺不到錢，關鍵就是沒有辦法承擔過程中的波動。

記住，天下沒有白吃的午餐，想賺到錢就要先忍受市場波動。在股市中，怕賠的人賺不了大錢。總結來說，定期定額買 0050，只要有正確的投資觀念、強大的心理素質，任何人都能賺到錢。如前文所述，從現在開始每個月固定存 18000 買 0050，30 年後很有機會滾出 5000 萬的獲利。

哲哲當分析師這麼多年，相當明白投資就是一場人性的考驗。

人人都喜歡追求低買高賣、賺價差的成就感；每個人都想當抄底大師，把股票在最低點買進，最高點賣出，那感覺實在是太嗨了。

即便已經再三告訴你 0050 可以隨時買、不要賣，長期一定能賺錢，但哲哲知道你還是會擔心如果現在買進 0050，明天大跌怎麼辦？因為這就是人性。

沒關係，那就好好利用上一章教大家的 0050 操作技巧，包括分批進場技巧、以及如何判斷時機抓出更好的買點，滿足想要抓低點、向下攤平的慾望，進一步拉高投資報酬率。

哲哲小叮嚀

透過 0050，每個月只要月存 10684 元，30 年就能滾出 3 千萬，想當千萬富翁比你想的還要簡單。

第 5 章

【網友詢問解答】高股息ETF比0050香？錯！因為……

哪個投資產品好？還是那句老話，
沒有最完美，只有最適合自己。

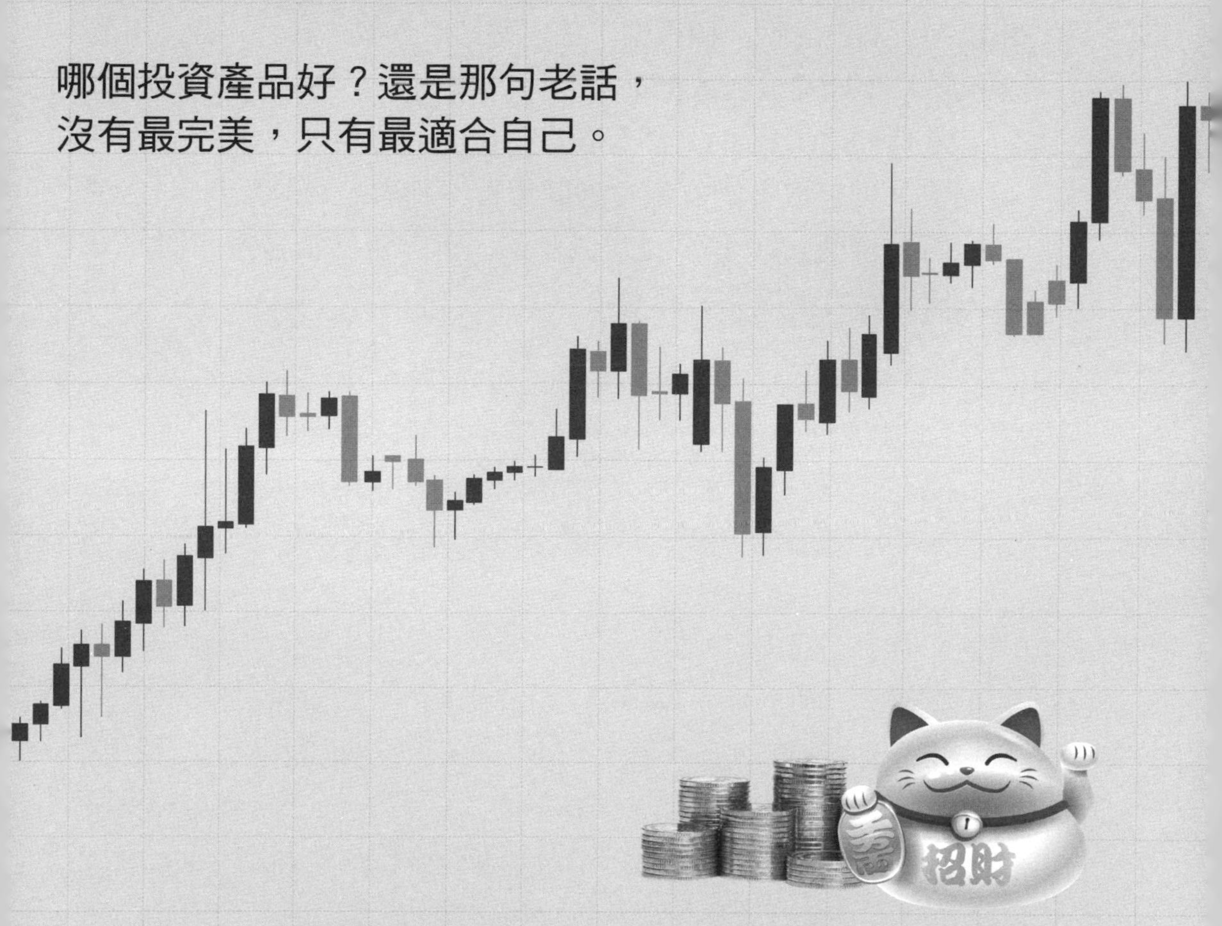

以下分享一則來自台中網友的疑問。

「哲哲，最近有個朋友勸我改買高股息ETF，他說高股息的配息都很高，適合拿來存退休金。我看他手機裡的APP，配息確實都有5%以上，比我買的0050好太多了，看了超級羨慕！但我也有一派朋友勸我不要隨波逐流，乖乖存市值型的0050才是長久之計。兩邊說的好像都有道理，我到底該聽誰的好？」

近年來，投資ETF已經在台股中成為顯學，而ETF主要分為市值型、高股息型、槓桿型、主題型、債券型。其中，就以市值型與高股息型最受投資人歡迎。

當然，這兩種ETF都有各自的擁護者，常常在網路上吵得不可開交。也有很多網友都會詢問哲哲：到底是買高股息ETF好、還是買市值型ETF好？在這個章節，哲哲會從很多方面切入，告訴讀者我心目中最完美的ETF。

5-1

如果你沒有「股息再投入」的習慣，絕對不要買

❖ 從 00940 看台灣的高股息熱潮

哲哲在寫書當下，從街頭巷尾到菜市場，最熱門的投資話題就是 00940（元大台灣價值高息 ETF）。這檔高股息 ETF 有多夯？它於 2024 年 3 月初開放申購，短短 3 天就募集高達 1750 億元，甚至有兩家券商因為系統及人力作業不及，公告「暫停接受申購」，還引起主管機關金管會關注。

有網友還拍到一張照片，是一位和尚穿著袈裟去券商開戶買 00940，引發網路熱烈討論，連六根清淨的和尚都下山買高股息 ETF，可見這產品的魅力非凡。最後連央行總裁，甚至銷售的投信公司，都跳出來希望民眾多些理性，不過整個市場依舊是「言者諄諄，聽者藐藐」。

00940 於 4 月 1 日掛牌上市，統計至 4 月 25 日，這檔 ETF 持有

股東人數已經達97.1萬人，上看百萬人數大關，躍居高息ETF第三大。僅次於第一名的國泰永續高股息00878（逾123.8萬人），及第二名的元大高股息0056（逾105萬人），即將衝破百萬股東大關。

大家知道百萬股東是什麼概念嗎？哲哲給大家一個比較，市場最熱的權值績優股台積電，掛牌上市30年，股東人數109萬；存股族喜歡的中華電，股東人數僅30.5萬人。而00940僅掛牌上市不到一個月，股東人數就逼近百萬。

高股息ETF近年來受到廣大投資人青睞，根據一個非官方統計，台灣有超過650萬人投資ETF，其中8成投資人會在自己的投資組合納入高股息ETF。那麼到底什麼是高股息ETF？它有什麼魅力令投資人如此瘋狂？

高股息ETF又稱為股息型ETF（Dividend ETF），是 Smart beta ETF的一種。簡單來說，就是把「是否配息」「股息成長率」或「殖利率高低」等條件，作為選股流程中的重要投資因子。

不同高股息ETF可能具有不同選股風格，及不同的報酬表現，這些將於本章後續段落一一說明清楚，但它們都強調了「高配息」。據哲哲觀察，高股息ETF會在台灣造成瘋狂，主要來自三大原因：

其一：台灣上市櫃公司天生就具有高股息基因優勢。根據統計，全台上市櫃公司整體平均殖利率逾4%，傲視全球。2022年、2023年上市櫃公司配發股息總額更高達2兆新台幣，2024年配發股息預估再衝上新高。

而高股息ETF的特殊設計，讓殖利率更是高達8%到10%，不僅遠遠高於定存、優於儲蓄險利率，同時還能期待資本利得（價差），因此讓投資人為之瘋狂。

其二：發行商（投信）、媒體、財經網紅、理財達人的大力推介及渲染。在網路搜尋關鍵字，就能看到各種相關文宣、影片和廣告等，不斷強調高配息有多神，動輒8%、9%。並善用各種吸睛台詞，如「穩定現金流」「月月加薪」「存股神器」等，讓很多投資小白和存股族，誤認為高股息ETF就是一台現金流永動機，可以年年月月生生不息。

其三：持有高股息ETF心理上比較舒服。舉例來說，當股價下跌時，可以安慰自己「反正配息不錯，長期放著總會回來。」或是「買高股息產品不用過度追高殺低，因為重點在配息。」即使買在高點，也能安慰自己「反正我的目的不是賺價差」。

此外，受惠台灣加權指數屢創新高，整個台股ETF都順利搭上這波趨勢，買氣水漲船高。圖5-1為近50年台股ETF規模統計，其中高股息產品規模暴增24倍！

高股息ETF真的如市場專家所說的這麼好嗎？買進後就能高枕無憂，每年、每季、甚至每個月，都能替自己加薪嗎？不好意思，哲哲在這一章要勇敢說真話，高股息ETF並不是像大家想的這麼美好，長期績效甚至遠遠輸0050。

圖 5-1 台股 ETF 規模增長統計

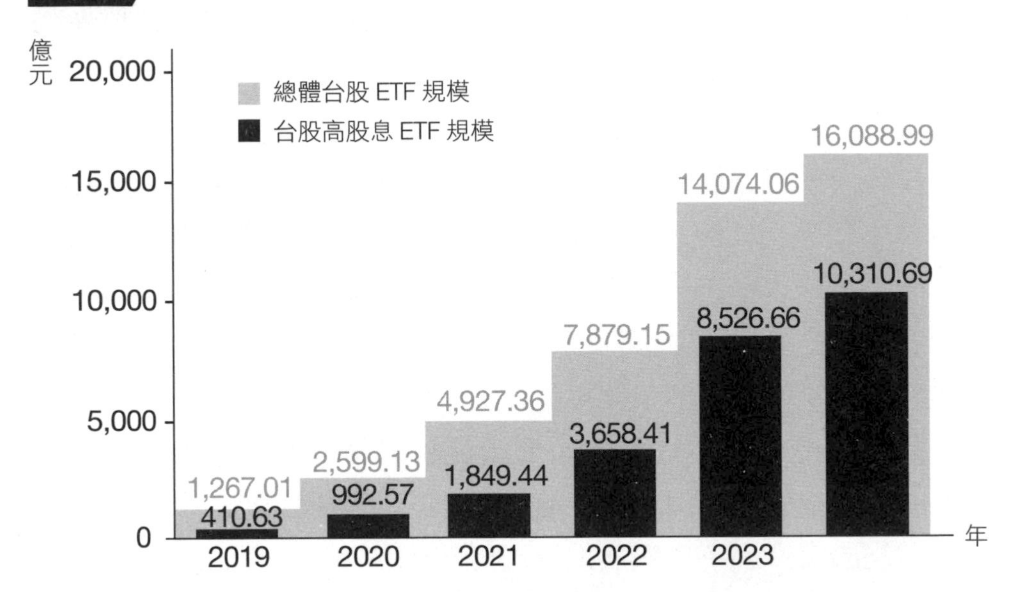

資料來源：Cmoney

❖ 你有配息再投入嗎？沒有的話就虧大了

哲哲先強調一個觀念，投資的目的是讓資產增值，最終總報酬績效才是一切。所以不要在那邊騙自己說，買高股息 ETF 是為了領利息，績效不重要。假設拿 100 萬投入 0050，10 年後報酬率 100% 會變成 200 萬。但同樣一筆 100 萬，投入含息總報酬率只有 50% 的高股息 ETF，最後資產會變成 150 萬，整整少了 50 萬。

但你如果還是堅持：「我就是想要領息的感覺，少賺那 50 萬沒有差」，那現在就可以把書闔起來了。反之，如果你是精打細算的投資人，希望用最少錢賺到最大報酬，越多越好，那請務必繼續讀下去。

我直接破題，買高股息 ETF 的績效很難追過 0050，**如果你想靠高股息 ETF 追求報酬率最大化，那麼一定要額外做一件事情，就是「股息再投入」，創造複利效應。**

如果你沒有這個習慣，而是一拿到股息就去吃喝玩樂、應付生活開銷，那請你不要買高股息 ETF，應該改投資 0050。因為如果沒有股息再投入，長期績效會和 0050 差距相當多，哲哲以下用回測統計來解釋。

高股息 ETF 每年都會有穩定的現金流入帳，以 0056 為例，成立至今的年化報酬率約為 5.33%、平均股息殖利率約為 5.09%。接下來我們看看 5.33% 的年化報酬率，放 20 年後會有什麼結果：

投資標的	0056
平均殖利率	5.09%
平均年化報酬率	5.33%
20 年後總報酬率	182%
投入 100 萬，20 年後金額	282 萬

哇！從上表可以看到，穩定的高股息 ETF，只要時間拉得夠長，一樣可以創造出可觀的獲利。乖乖放 20 年，錢就自動變成 2.82 倍，想想都開心！但是注意喔，這個獲利數字的前提，是要將每年領到的股息全部再投入，用複利的力量才能有這樣的報酬。

如果沒有股息再投入，那報酬會變成多少呢？首先，先看一下0056的走勢圖，如圖5-2。

圖5-2 2007～2023年0056 ETF股價走勢圖

資料來源：XQ

ETF的報酬率來源主要有兩種：資本利得（價差）與現金股利。但從0056這張K線圖就能看出，0056從成立到2023年，股價都維持在25元左右。表示投資人如果在0056成立就買進，都沒有賺到資本利得（價差），報酬率全是靠股利撐起來的。

也就是說，假設成立時投入100萬，並在這20年間將股利持續再投入，資金會滾到282萬。但如果股利不投入，因為這20年來價差並沒有太多變動，因此獲利資金幾乎全來自股息收入，回測出來的總資產約在201.8萬元。

如果每年拿到股息就直接花掉，或只是單純放在銀行裡沒有再投入。20年後，100萬只會增加到201.8萬，和有將股息再投入相比相差了80萬，也就是原始本金的8成！而且，這還沒有計算股利被課稅的部分。

投資標的：0056	股利再投入	股利不投入
投入100萬20年後總金額	282萬	201.8萬

了解股息再投入會大大影響0056（或所有高股息ETF）的長期報酬率後，接著我們進入重點，來跟0050比一比。

假設你是個很勤勞的投資人，用100萬元買入0056，且每次配到股息後都乖乖再投入，20年後會獲得182%的報酬，總資金變成282萬。那麼，如果一開始是用這100萬買入0050，不計算股息再投入，20後的報酬率會是多少呢？如下表所示。

標的	年化報酬率	二十年後 總報酬率	投入100萬 二十年後金額	獲利
0050	8.08%	373%	473萬	373萬
0056	5.33%	182%	282萬	181萬

注：0050在不同時間段，年化報酬率都不同，因此本書中有關0050的年化報酬率會是浮動的。

你沒看錯，同樣的100萬資金，買0050的20年後總報酬為

373%，獲利373萬，總資金來到473萬。與0056相比，兩者的獲利金額竟然差距192萬（373−181），將近快2倍。

而且買0056的過程中，每年都還要注意配息時間，才能確實把拿到的股息再買入，花費更多心力，卻換到更少的報酬。更別說如果買0056股息沒有再投入，20年後與0050的報酬差距達272萬（473−201），將近投資金額的3倍，獲利差距相當懸殊。

單純看如下0050跟0056從2007年至今的報酬率走勢圖，更能一目了然兩者顯著的績效差距。深色線條走勢是0050的累計報酬，淺色線條則是0056的累計報酬。可以發現0050報酬率高達350.79%，而0056為257.67%（資料統計至2024年4月26日）。

圖5-3 0050 VS. 0056 報酬率走勢

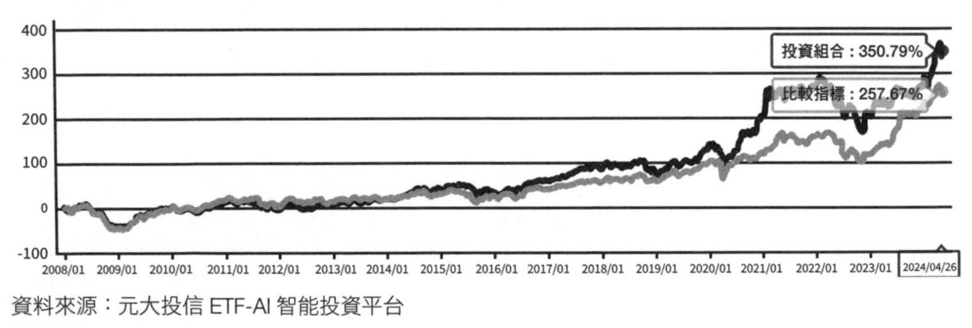

資料來源：元大投信ETF-AI智能投資平台

哲哲小叮嚀

存股領股息只是左手換右手，股息領到1塊，股價就下跌1塊，兩者都是你的錢。

5-2

高股息 ETF 績效大比拚，結果超驚人！

看到這邊會有投資人會說，哲哲你只拿 0056 去比 0050 不公平啦！市場上有這麼多檔高股息產品，例如股東人數高達 124.8 萬、有國民 ETF 之稱的 00878（國泰永續高股息 ETF）。

還有很多新推出的高股息 ETF，例如訴求科技高股息、高息低波動、ESG 永續高息的類型。此外，配息機制更複雜也更進化，從年配、季配，到現在有很多月月配高股息 ETF（未來說不定會出現雙週配、週週配、甚至面額低於 10 元的 ETF）。

的確，隨著投資人對高股息產品的熱愛，發行商抓緊市場熱度，編製出迎合市場口味、各式各樣的高股息 ETF。現今市場加上 2024 年 4 月掛牌的最新兩檔：00939（統一台灣高息動能）與前述的 00940，台股市場高達 19 檔高股息 ETF 產品。

根據證交所定期定額交易戶數、股東人數，以及今年開始募集的 00939 及 00940，如下表整理出相對受投資人青睞的 7 檔產品。

表 5-4 台灣熱門高股息 ETF 一覽表

代號	ETF 名稱	追蹤指數	經理費	保管費	配息頻率
00919	群益台灣精選高息	台灣精選高息指數	0.30%	0.04%	季配息（3、6、9、12月）
00878	國泰台灣ESG永續高股息	MSCI 台灣、ESG 永續高股息精選 30 指數	0.25%	0.04%	季配息（2、5、8、11月）
0056	元大台灣高股息基金	台灣高股息指數	0.30%	0.04%	季配息（1、4、7、10月）
00713	元大台灣高股息低波動	台灣指數公司特選指數	0.30%	0.04%	季配息（3、6、9、12月）
00929	復華台灣科技優息	特選台灣科技優息指數	0.35%	0.04%	每月
00939	統一台灣高息動能	特選台灣高息動能指數	0.30%	0.04%	每月
00940	元大台灣價值高息	台灣價值高息指數	0.30%	0.03%	每月

資料來源：公開資訊觀測站、各大投信官網

重點來了，很多新發行的高股息 ETF，採用更優化的選股邏輯與編制規則，績效真的比較好嗎？會不會只有配息看起來很高，但總報酬遠不如0050？這裡我們繼續用回測數字來回答。

先拿台灣投資人最愛的 3 檔 ETF 做比較，分別是0050、00878、0056，從成立至今的報酬率、平均殖利率，統計如下表：

標的	成立至今年化報酬率	平均殖利率
0050	8.08%（19年6個月）	3.27%
00878	7.49%（2年5個月）	4.16%
0056	5.33%（15年）	5.09%

可以看出，0050的年化報酬率最高，但平均殖利率最低；0056卻相反，平均殖利率最高達5.09%，但年化報酬率最低，僅5.33%。假設三檔都投入100萬且股息再投入，20年後獲利比較整理如下表。

標的	年化報酬率	二十年後 總報酬率	投入100萬 二十年後金額	獲利
0050	8.08%	373%	473萬	373萬
00878	7.49%	323%	423萬	323萬
0056	5.33%	182%	282萬	182萬

你沒看錯！0050與0056的年化報酬率只差2.75%，但經過20年後，獲利居然差了整整1倍。另外，如果投資00878經過20年，最後的獲利金額比0056整整多出141萬，但還是比0050少了50萬元。

看到這，或許投資朋友會問，00878與0056同樣都是高股息

ETF，怎麼會有如此大的差異呢？哲哲加碼來比較這兩檔 ETF 的選股規則，如表 5-5。

表 5-5 0056、00878 選股規則比一比

標的	成分股篩選規則	前五大成分股
0056 （元大高股息）	從台灣 50、中型 100 指數這 150 檔標的，選出未來一年的預測現金股利殖利率前 50 檔個股作為成分股。特色是**著重未來配息**。	聯詠（3.45%） 鴻海（3.29%） 和碩（2.92%） 聯發科（2.79%） 群光（2.76%）
00878 （國泰永續高股息）	從 MSCI 台灣指數成分股中，選出 ESG 評級分數高，且過去三年平均年化殖利率前 30 檔個股作為成分股。特色是**著重過去配息**。	華碩（5.01%） 仁寶（4.27%） 大聯大（4.13%） 緯創（3.99%） 聯發科（3.99%）

資料來源：投信官網；2024/4/26

大家發現了嗎，這兩檔同樣是高股息 ETF，但篩股邏輯、成分股完全不同。

0056 前五大成分股是：聯詠、鴻海、和碩、聯發科、群光，強調的是預期「未來配息」強的公司；00878 前五大成分股是：華碩、仁寶、大聯大、緯創、聯發科，它強調「過去配息」強的公司。因為選股機制不同，導致同樣是高股息 ETF，但最終報酬卻大相徑庭。

或許還有人不服，會說 0056 成立於 2007 年，至今算有點年紀了，選股機制跟不上現在的市場調性。但2022、2023年成立的00919（群益台灣精選高息）、00929（復華台灣科技優息）兩檔高股息ETF比較年輕，編制規則更與時俱進，績效會更加出色。

其中，00919最大亮點是一推出，年化配息率就超過10%，且截稿日前的3次配息，皆次次填息。00929則是發行時打著國內首檔月月配ETF，以及近10%的年化配息率，兩檔皆引發市場暴動。

那麼我們來看一下這兩檔ETF的選股邏輯，如表5-6。

表5-6 00919、00929選股規則比一比

標的	00919（群益台灣精選高息）	00929（復華台灣科技優息）
成分股篩選規則	● 上市櫃市值前300大的股票中，挑選近4季稅後ROE為正數，於5月挑選出實際已宣告股利殖利率，與於12月選出預估現金股利殖利率，最高的前30家企業。 ● 預估的股利率是以近4季的現金股利與11月審核資料的股價來計算，再加計前3季同期每股稅後盈餘成長率。基本上，就是看公司有沒有比去年更賺錢。	● 上市櫃的電子類股中，挑選市值前200大企業，符合連續3年的ROE要大於零（公司都有賺錢）。並剔除高波動度（股價變動太大）與低殖利率（配息太低）等企業。 ● 再剔除近5年與3個月的本益比差距太低（低成長性），近5年股息變異數太高（配息變動太大）等企業，然後以股息殖利率排序挑選前40檔個股。
特色	用宣告股利取代參考歷史或預測未來的方式，精準鎖定高息股。投資產業集中在半導體與航運業，波動較大。	除了高股息也追求股價成長，因此成分股全為電子類股。此特點有可能股價波動比較大，且完全取決於電子產業景氣好壞。
前五大成分股	長榮（11.82%）、瑞昱（9.56%）、聯電（8.4%）、聯詠（7.27%）、聯發科（5.78%）	聯發科（7.9%）、聯詠（5.29%）、瑞昱（4.73%）、群光（4.6%）、日月光投控（4.53%）

資料來源：投信官網；2024/4/26

從表5-6可以看到，近期的高股息ETF篩股規則確實越來越複雜，條件也越來越「進化」。同樣是高股息ETF，但呈現出來的成分股比重、股價波動、配息率、績效截然不同。但這些新時代的投資產品，投資報酬率真的能勝過0050嗎？

進一步以00919、00929、0050綜合比較績效，統一從2023年6月開始做定期定額。主要是00929成立時間在2023年6月，因此由該時間作為起點。（補充說明：00939、00940為最新成立的高股息ETF，哲哲寫書期間這兩檔ETF才剛掛牌沒有績效表現，因此無法做任何回測比較）

假設從2023年6月開始每月定期定額1萬元，直到2024年4月底，並且將股息再投入，不考慮手續費的情況下，其報酬表現如表5-7。

表5-7 三檔ETF定期定額績效比一比

投資期間	2023年6月至2024年4月		
累積投資金額	110,000元		
投資標的	00919	00929	0050
資產終值	132,185	129,020	132.709
損益金額	22,185	19,020	22,709
總報酬率	20.17%	17.29%	20.64%
年化報酬率	22.46%	19.75%	22.99%

資料來源：MoneyETF

由上表可以清楚看到，即便是股息再投入，00919、00929兩檔總報酬率為22.46%及19.75%，仍未贏過0050的22.99%。

而這兩檔ETF已經是高股息產品中的超級績優生了，但最終損益金額，0050比00929還多了3689元。以上的預估時間短短不到一年，那麼是不是可以大膽假設，如果把投資期間拉長到20年，0050又可以勝更多呢？

另外，假設投資人把00919（季配息）、00929（月配息）的股息，因為各種原因沒有股息再投入。可能是吃喝玩樂花掉、應付生活開銷，或忘記去操作再投入，則00919、00929的總報酬率又會更低，來到19.83%及16.99%，更是遠不及0050的總報酬22.99%。（資料來源：MoneyETF；統計期間：2023/6～2024/4）

哲哲小叮嚀

投資高股息ETF一定要將股息再投入，才能發揮複利效應，使報酬極大化。

5-3

你不知道的配息陷阱——稟賦效應

從前面兩小節得到兩個結論：

一，不論是單筆投入、定期定額或是股息再投入，0050的總報酬勝過大部分高股息ETF。

二，高股息ETF一定要把領到的股息再投入，才能發揮複利效果，報酬率也才能「接近」0050。若股息沒有再投入，會讓多年後的報酬率天差地遠。以0056的例子來說，不把配息再投入，本金幾乎呈現停滯成長。

❖ 股息再投入，就人性上不容易做到

不過你知道嗎？就算哲哲千交代萬交代記得把股息再投入，才能獲得更好的報酬，一般人還是不容易做到。這是為什麼呢？主要跟一個投資心理學有關——稟賦效應，它也是高股息ETF容易被

稟賦效應小辭典

由經濟學諾貝爾獎得主理查塞勒（Richard H. Thaler）於1980年提出。它指的是人會傾向於「喜歡自己擁有的東西」，當我們產生擁有一件東西的感覺後，那個東西的價值會在我們心中提升。

以股票市場為例，當你買進一檔股票，是不是會覺得它的價值應該要更高、應該還能繼續漲，結果反而造成無法在合適的點位賣出。股息也是如此，投資人領到股息後，會覺得這是自己額外賺到的，捨不得把股息再投入市場中。

忽視的小陷阱。

稟賦效應會讓人們不捨得把股息再投入，導致獲利上的折損。除非是足以對抗人性，且把每次領到的配息再次投入的勤勞型投資人。

提到股息再投入，或許有老股民發現0050其實也配息，但為什麼哲哲都沒有強調呢？主要原因是0050的設計機制為指數型ETF，目標為追蹤並複製大盤績效，因此配息並非它的重點。

統計近年來殖利率僅有2%多，略遜於台股上市櫃整體平均的4%，因此稟賦效應相對較小。人們會更傾向於將0050的這一點配息再投入，因為心裡損失較低，或是將配息存在帳戶裡，而非拿去吃喝玩樂，或支付生活上的開銷。

❖ 0050的配息小確幸

接著細看0050的配息，一年共配兩次，分別是上半年與下半年各一次，殖利率統計如表5-8：

表5-8 近年0050配息金額與殖利率一覽表

年份	上半年			下半年		
	除息日	現金股利	殖利率	除息日	現金股利	殖利率
2017	2月8日	1.7	2.16%	7月31日	0.7	0.89%
2018	1月29日	2.2	2.69%	7月23日	0.7	0.86%
2019	1月22日	2.3	2.77%	7月19日	0.7	0.84%
2020	1月31日	2.9	2.99%	7月21日	0.7	0.72%
2021	1月22日	3.05	2.23%	7月21日	0.35	0.26%
2022	1月21日	3.2	2.62%	7月18日	1.8	1.47%
2023	1月30日	2.6	2.26%	7月18日	1.9	1.53%

雖然0050的強項不是配息，但從表格中可以看出0050的配息暗藏玄機！首先，0050上半年的配息金額都會比下半年多；其次，上半年從2017到2022的股利皆逐年增加，直到2023年才稍微下降到2.6元。

圖 5-9 0050 週 K 線與配息時間

資料來源：XQ

1. 配息越配越多

你知道為什麼 0050 可以越配越多嗎？我們可以從上面的 0050 的週 K 線圖看出端倪。

哲哲把每年上半年的配息位置都標示在 K 線圖上，可以看出中間雖然有震盪，但股價還是保持不斷向上的趨勢。0050 每年上半年的殖利率都維持逾 2%，可以看出殖利率相當穩定。而殖利率公式＝股利／股價，因此當股價持續上漲時，想要維持穩定的殖利率，勢必要增加配息的金額。

大家從前文的說明都已經知道，股價長期只會不斷向上，這也是為什麼 0050 越配越多的原因之一。

2. 實際配發的股利比公告多

另外，0050配息機制還有個小確幸，有時實際配發的股利，會比第一次公告的金額還要多！哲哲還記得，2023年上半年1月15日，元大投信公告的0050第一階段收益分配結果，以「保守原則」預估配發金額為2.5元。

但之後1月16日公告的第二階段收益分配結果，經過會計師調整可分配收益金額後，每股變成配發2.6元。等於投資人每持有一張0050，就能多領到100元的小紅包。為什麼會多這個0.1元，最主要原因就是第一階段採用保守原則。

保守原則簡單來說，就是把所有「可能」發生的損失全部計入為成本，並且不計入所有「可能」得到的收益，因此與真實情況相比，會發生高估損失和低估收益的情況。為什麼要用這個方法預估股利呢？這和人們的得失心有很大的關係。

舉個例子，假如一開始元大投信公告的配息金額是2.7元，但最後改成2.6元，投資人是不是瞬間覺得自己損失了0.1元，甚至覺得自己的錢被投信公司A走了？

3. 相對不容易被課稅

此外，因為0050殖利率較低，還有一個常被忽略的優勢，就是相對不會被課徵所得稅。

根據所得稅法，投資人股利所得必須併入綜合所得課稅，如果投資的金額較大，動輒百萬、千萬，領到的股息也會高達數十萬甚至百萬，那麼股利所得稅絕對是不可忽視的問題。假設採用合併計算，稅率課稅級距如下表：

所得稅率級距	稅率
56 萬以下	5%
56 萬～ 126 萬	12%
126 萬～ 252 萬	20%
252 萬～ 472 萬	30%
472 萬以上	40%

資料來源：參考 2023 年新版綜合所得稅課稅級距

雖然股利所得也可採取分離課稅，但這是對於課稅級距 30%、40% 以上的高所得者才有利，一般人採股利合併計稅相對有利。

總而言之，不論怎麼計算股利課稅問題，選擇殖利率較低的 0050 就是比較有優勢。

哲哲小叮嚀

股息跟股價都是同樣的 1 塊錢，請堅持存下每 1 塊…

5-4 哲哲獨有！0050 ＋高股息的史上最強配置

講了這麼多，哲哲要強調，絕對不是叫大家不要買高股息ETF。還是那句老話，投資產品或策略沒有好壞之分，只有適不適合自己。因此**如何配置出自己的投資組合相當重要，絕對不是只有0跟1**，或A好B就不好，而是可以組合或配置，取出一個最佳平衡解。

以0050來說，哲哲認為非常適合以追求絕對報酬為出發的投資人。如同我一再傳達的觀念，投資最重要的目的就是讓錢變多，而且越多越好。因此追求效益極大化、最大的報酬，一直是我投資的目標。

也因此我帶著大家不斷找尋飆股，若某檔股票漲勢歇息就換股操作，提高資金使用效率，目的為賺取最大投資報酬。反之，如果你是個追求穩定現金流，喜歡時間一到就能領到高配息，但不在乎長期總報酬率的投資人，那麼高股息ETF就相對適合你。

❖ 錯失與市場成長的配置比例

至於0050與高股息ETF，該怎麼配置才是最有效率的呢？哲哲以市場上最具代表的兩檔高股息0056、00878搭配0050說明。這兩檔也是高股息ETF中股東人數最多的，手上持有這兩檔的你請務必看下去！

首先，分享網路上常見的一張配置，如下表：

年齡／族群	建議配置比重	
	0050	0056／00878
小資族	0%	100%
青壯年	50%	50%
退休族群	0%	100%

網路上有相當多財經網紅，都會討論0050與0056的差異與配置方法。不過，老實說那些非專業人士的建議，我認為真的僅供參考就好。他們考量到的點太少，此外，很多網路上所謂的專家，或許根本沒有太多操作股票的經驗，知識也不足，更別說想靠投資達到財富自由。

網路上流傳的方式，是建議青壯年配置五成資金的0050，而剛出社會的小資族及退休族群，配置100%高股息ETF，主要原因是能降低風險，並領取穩定的現金流。

哲哲看到這種建議真的很無言，因為此種配置方式，多數時間會錯失股市長期成長的行情，最終報酬率將大打折扣。

請各位相信哲哲跟那些網紅不一樣，畢竟能做證券投資顧問事業，必須受政府官方認可、是有執照的證券分析師，市場的經驗也是貨真價實。

在這邊要奉勸各位，不要傻傻拿自己的辛苦錢，去上課繳學費給那些自稱是股市達人或理財高手，卻沒有牌照、實戰經驗不足的人士。

❖ 哲哲建議的 0050 ＋高股息配置

話題拉回來，針對 ETF 的配置方式，哲哲的建議如下表，我認為是三種年齡層最佳的分配法。

年齡／族群	建議配置比重	
	0050	0056／00878
小資族	100%	0%
青壯年	100%	0%
退休族群	50%	50%

大家看到這張圖是不是很納悶：什麼！比重為什麼會是這樣？從小資到青壯年，居然要全部買 0050，甚至退休後也要保有 0050 的部位，退休後不就更應該更注重被動現金流，領高股息嗎？不要急，會這樣分配有以下三大理由。

理由一：風險與報酬

小資族和青壯年必須追求資產成長，這兩個階段的風險承受度相對較高。因此挑選的標的，報酬率當然也是越高越好，所謂「High risk, high return」（高風險、高報酬）。以創投為例，如果成功，獲利常常都是 10 倍起跳；但如果失敗，投入的資金很有可能直接歸 0，風險極高。

不過關於風險這塊，前面章節已詳細說明，0050 的風險非常低，因為投信公司會自動將不符合指數的標的停損，也就是汰換掉跌出台灣企業市值前 50 名者。成分股不定期汰弱留強，就能自動解決散戶不善停損的弱點，在這樣的機制下，投資風險會比大部分的投資商品低。

理由二：人性

哲哲已經從 0056 的例子告訴大家，領到的股息如果沒有再投入，會讓多年後的報酬率會和 0050 天差地遠，這就是心理學的稟賦效應！因為投資人會覺得領到的股息是自己賺到的，因此捨不得再投入股市。若人生多數時間只持有 0056，就等於損失投資 0050 的機會成本，退休後帳戶的金額也將天差地遠。

而 0050 的殖利率較低，把領到的股息再投入，比較不會有損失的感覺。如果真的需要現金流，0050 每年依然有配股息。就算股息沒有再投入，還是會有 4 至 5% 的年化報酬（畢竟 0050 主要報酬來自價差），本金依然會持續成長。反之，0056 若不把配息再投入，本金就停滯成長。

理由三：退休後仍要面對通膨巨獸

很多人說，退休後要有穩定的現金流來養老，因此配置高股息ETF是最佳的選擇。這句話其實只說對一半，各位千萬不要忘記，若經濟持續正常發展，就是會伴隨著通貨膨脹。

台灣人平均壽命大約是80歲，以65歲退休來計算，還有15年要生活。如果把錢全部放在高股息中，只領利息過生活，本金非常有可能會受到通膨影響，不斷縮水。

因此，退休人士最好還是配置一部份資金在0050中。前面章節已經詳細說明0050的價格會隨著通膨、股價一起水漲船高，因此保有基本部位，至少能確保總資產和通膨一起成長。

哲哲小叮嚀

無時無刻都要持有0050，財富就像愛情總是來得又急又快，讓你措手不及。

5-5

小資族不可不知的隱藏版 0050

整本書的架構都是以 0050 為主軸，並用各種面向探討如何經由 0050 實現財富自由，我自己也是靠著這檔 ETF 賺進千萬。因此，哲哲不斷建議投資人一定要買 0050，特別是投資小白、小資族，越早開始累積財富越好。

不過除了 0050，市場上還有一檔隱藏版的 ETF 我非常推薦，也是哲哲在這本書中少數建議可以買的 ETF，就是 006208（富邦台 50）。

❖ 內扣費用低，幫你省更多

會推薦的原因，主要是它與 0050 幾乎「一模一樣」，同樣是追蹤台灣 50 指數的市值型 ETF。**但 006208 具備一個很強的優勢，就是內扣費用較低，長期投資下來會比 0050 划算**，當然如果投資金額不大，差異就不明顯。本節哲哲會介紹006208，以及用最安全的方式投資這類市值型ETF的獨門秘技。

首先，006208由富邦投信發行，上市於2012年7月，與0050同樣是追蹤富時台灣證券交易所台灣50指數（FTSE TWSE Taiwan 50 Index）。因此市場上戲稱這兩檔ETF是好兄弟，哲哲將基本資料與走勢進一步整理，如表5-10。

表5-10 0050與006208基本資料

基金名稱	0050	006208
上市日期	2003年6月	2012年7月
追蹤指數	富時台灣證券交易所台灣50指數	富時台灣證券交易所台灣50指數
成分股調整	1年調整4次（3、6、9、12月，並於該月第3個星期五之後的下個交易日生效）	1年調整4次（每年3、6、9、12月的第2個星期五進行審核）
除息月份	1年配息兩次（半年配，約為1月及7月）	1年配息兩次（半年配，約為7月及11月）
內扣總費用	0.43%	0.24%
年均殖利率	2%～3%	1%～2%
前五大成分股	台積電、鴻海、聯發科、廣達、台達電	台積電、鴻海、聯發科、廣達、台達電
每股價格	156元	91元

注：表中每股價格為2024年4月26日收盤價

從上表可以清楚看到，兩檔的基本資料從追蹤指數、配息頻率到成分股的組成，的確幾乎一模一樣。不過，有一個非常重要的差異，就是內扣總費用：0050為0.43%，006208只要0.24%，約為0050費用的一半。

講到這裡，哲哲先補充投資ETF不可不知的內扣費用。所謂內扣費用是ETF追蹤標的指數時，需要支付的成本，又稱總費用率（Expense Ratio）。這筆費用是投資人只要「持有」ETF，不論是否獲利均會產生的成本，並且會直接從淨值扣除。因此投資人每日看到的ETF淨值，都是已經扣除內扣費用的金額。

ETF內扣費用一般會涵蓋四大類（不同ETF發行商會有些許差異），包括以下：

- 經理費：指操作ETF投資組合的管理成本。
- 保管費：支付給「負責保管資金的銀行」的成本。
- 買賣周轉成本：ETF成分股變動時，調整投資組成的交易成本。若一檔ETF成分股頻繁更換（又稱高周轉率），內扣費用的成本就會隨之增加。
- 雜支：指數授權費、上市費及年費、變動費用（出借股票應付費用、經紀商佣金、交易手續費、給付證券交易所等等）。

而0050與006208的費用率大概相差千分之19，你們覺得多還是少呢？以下用數字來說明。

若是投資100萬元買進0050並持有1年，必須支付4300元的內扣費用（100萬元×0.43%＝4300元）；006208的內扣費用為0.24%，同樣投資100萬元並持有1年，內扣成本是2400元（100萬元×0.24%＝2400元）。

這兩檔同樣追蹤台灣50指數，績效理應相同。但從低管理成本的角度來選擇時，006208報酬會略優於0050，且投資時間越長，報酬差異會越明顯。兩檔ETF近十年的報酬走勢，如下圖。

圖5-11 0050 VS. 006208報酬走勢圖

圖中淺色線為006208，深色線為0050，可以清楚看到0050與006208報酬率幾乎重疊，不過淺色線略高於深色線報酬。以最近10年報酬率來看（2014/4～2024/4，資料來源MacroMicro），006208為167%，0050為159%，約有8%的報酬率差距，一部分原因就是內扣費用造成的。

❖ 哲哲還是買0050，看中流動性佳

講到這，相信有人會說：「哲哲，這樣看起來006208費用更低、報酬更好，不過你整本書都教大家買0050，豈不是打臉自己？」

不不不，這可不見得喔！因為0050也有很棒的優勢，除了殖利率略高於006208外，由於它是相當老牌且具代表性的市值型ETF，因此在市場上有龐大的交易量，每日成交量近萬張，流動性風險相對低。

反之，006208的每日成交量僅3千至5千張，大概只有0050的一半。若你退休時已經存到上千張ETF，屆時想在市場賣出，這時候流動性就顯得相當重要了，0050相對不會有賣不掉或滑價（實際成交價格與預期價格之間的差異）的風險。

因此，對於想要省一些管理費且喜歡買整股的投資朋友，可以選擇費率和整股價格較低的006208；如果非常在乎流動性，並且瞄準規模最大的ETF，則以0050為主。例如，哲哲進出資金比較大，當然就會以0050為主要投資標的。綜合上述，進一步將0050及006208的差異，整理如表5-12。

在這邊歸納一個重要結論，**若兩檔ETF的條件相同，選擇內扣費用越低的ETF，績效越好。**

正常情況下，台股ETF的內扣費用通常比美股ETF高，台股ETF內扣費用落在0.4%～1%，整體平均約0.7%。因此內扣費用若低於0.35%就算是優異的ETF，若高於1%則要特別注意了。

以市場常見的ETF來說，內扣費用偏低的有以下：0052（富

表 5-12 0050 與 006208 比一比

經理費＋保管費	006208 內扣費用為 0.24%，約 0050 的一半。
股價	006208 有較低的零股價格，約為 0050 股價的一半，相對適合小資族。
配息月份	006208 與 0050 皆半年配息。006208 為 7、11 月配息，集中在下半年且殖利率較低。0050 為 1、7 月配息，殖利率較優。
規模	0050 因歷史悠久，為台灣規模最大的 ETF，因此每日交易量非常大，流動性風險較低。
績效	若投資期間在 5 年內，兩者績效不會有太大差異。難以預測的追蹤誤差，也造成各時期的報酬不同，投資 20 年以上才會有感。

邦台灣科技）及上述的 006208，內扣費用僅 0.24%。緊接排名第 3 名的是 00692（富邦公司治理），總費用率為 0.26%。

反之，市面上有幾檔熱門高股息 ETF，內扣費用偏高要特別留意。例如 00900（富邦特選高股息30）內扣費用為1.37%，就明顯偏高。而 00878（國泰永續高股息ETF）、00713（元大高息低波ETF），內扣費用分別為 0.46%、 0.62%，還算可以接受。

至於 ETF 的內扣費用要怎麼查詢？一般在網站上看到的 ETF 資料，都只呈現一整年的經理費跟保管費，不是「完整」內扣費用的總支出，想要查詢完整內扣費用資料，有以下三個管道：

1. ETF發行公司提供的公開說明書查詢。

2. 至「投信投顧公會」（https://www.sitca.org.tw/）查詢內扣費用。查詢路徑為：統計資料→境內基金各項資料→明細資料。進入頁面後，在「基金資料彙總」項目下點選「各項費用比率（月、季、年）」，便可進入查詢頁面，最後依照條件輸入ETF發行公司或基金名稱即可。（查詢欄位數值位於表格最右方的合計「=A＋B」比率列）

3. 至「MoneyDJ理財網」查詢（https://www.moneydj.com/ETF/）→輸入ETF代碼或名稱後點選搜尋→在頁面中選取「基本資料」→找到總管理費用（%）欄目，即為去年完整年度該ETF的總費用率。

哲哲小叮嚀

小心內扣費用偷走你的獲利，買ETF前務必查詢清楚。

5-6

投資全球分散風險，打造更抗跌的指數型ETF組合

股市長期向上、0050能持續上漲，必須建立在「台灣不會倒」這個大前提下。當然，哲哲絕對不是看衰台灣，但是位於我們北方的日本，也曾經是經濟強國，直到泡沫破裂，經濟陷入失落的30年。

這跟我前面告訴大家，績優股也有可能出事是一樣的道理。沒有人知道幾十年後的台灣會發生什麼事。因此要建立真正理想、風險最低的投資方法，其實不該只投資台灣的0050，而是應該把投資分散到全球。

本書的目的是告訴大家，投資0050是風險相對低，且最容易賺錢的方式。那麼如果要再進化指數投資組合、想買0050以外的ETF，還可以買哪個國家的指數作為分散風險呢？答案很簡單，各位覺得全球經濟最強盛的國家是哪裡？沒錯，就是美國。

基於以上，哲哲建議還可以買美股指數，其中推薦前文提過的S&P500指數。其成分股是由具有代表性的500家美國上市企業組成，而每家成分股的流通市值，都需大於131億美金（約大於4千億新台幣）。

進一步攤開S&P500指數的前十大成分股，如下表。清一色都是耳熟能詳的科技巨擘，幾乎是大到不會倒、引領世界成長的公司，包括：蘋果、微軟、亞馬遜、輝達、谷歌等，而這些公司的成長爆發力與趨勢性，哲哲就不在這邊多加贅述。

成分股	權重
蘋果 AppleInc.	7.28%
微軟 MicrosoftCorp.	6.60%
亞馬遜 AmazonInc.	2.68%
輝達 Nvidia Corp	2.02%
Alphabet Inc A	1.92%
伯克希爾 Berkshire Hataway B	1.70%
Alphabet Inc C	1.60%
元搜索 Meta Platform Inc Class A	1.55%
埃克森 Exxon Mobile Corp	1.34%
聯合健康 United Health Group	1.32%

資料統計至 2024 年 4 月 30 日

事實上多數學術論文已證實，美股長期向上的機率，大大高於全球任何一個市場。主要因為美國是目前地球上的經濟強權，因此最適合做為長期存股的市場。

其實從生活上就能看出美股的重要性，相信大家常看到報章媒體指出，美國股市前一晚大漲或大跌，隔天台股也會跟著同方向漲跌。一般來說如果美股大漲，全球股市容易跟著大漲，比較少看到美股大跌，主要國家股市（例如日股、港股、英股）卻大漲的情況。

其中，作為美國主要指數之一的S&P500，哲哲認為適合長期持有的原因有兩個：

一、美國傾向保持資金寬鬆市場，即便升息、貨幣緊縮政策，市場仍有相當龐大的熱錢。另一方面若經濟蕭條，聯準會除了印鈔票，還會有技術性操作，例如少發一點長債讓錢保持在市場上，種種政策因素導致指數易漲難跌。

二、人類不斷進步，科技只會持續創新，公司價值也會隨之不斷提升。S&P500的成分股以科技公司為主，由於人類不斷進步、科技不斷創新，因此只會不斷推動指數上漲。

大家能想像如果賈伯斯20年前沒有發明iPhone，全球會掉多少GDP嗎？又例如過去的桌上型電腦已經被筆電取代、傳統手機轉型成4G智慧型手機，到現在的AI狂潮，皆讓相對應的科技公司或新創公司股價暴漲，更加支持美股只會長期向上的論證。

圖5-13展示S&P500指數從成立至今的走勢圖，你們知道該指

數在百年期間漲了多少嗎？答案是1132倍，你沒看錯，漲了千倍以上。這期間，人類經歷了無數的戰爭、金融海嘯、病毒侵襲，但指數始終在下跌後再創新高（是不是跟0050的狀況一模一樣呢？）

圖5-13 S&P500走勢圖

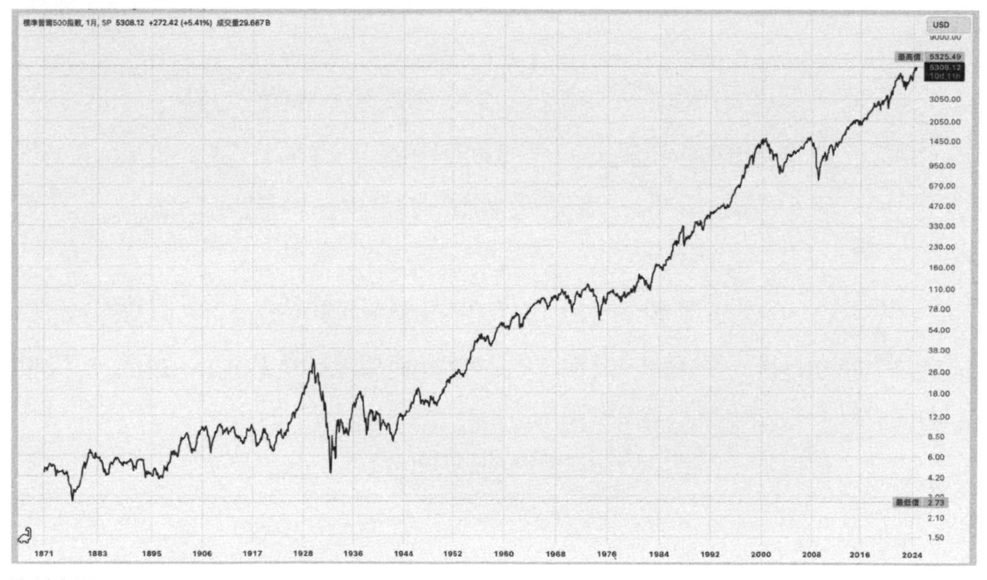

資料來源：TradingView

例如，2008年金融海嘯時，S&P500指數低點約666點，如今已經漲到5,100點，在這16年間翻了7.6倍。而台股加權指數在2008年低點為3,955點，如今漲上2萬點，這段期間翻了5倍。與美股狂暴的漲勢相比，台股似乎突然有些黯然失色吧？

在本書的最後，為讀者做個總結：**你現在該做的事，就是馬上投資指數，不論是買台灣的0050，還是美國的S&P500指數ETF。**記得善用本書分享的投資觀念、資金配置技巧及技術指標訊號，並且務必熟記哲哲這句話：「請把ETF當作你最強的存錢筒」，畢竟一般人不會隨時殺掉存錢的豬公吧？

如果你現在起心動念準備要去買0050了，那我在這邊大大恭喜你，因為你正走在財富自由的道路上。

最後，再送給大家一句話，「投資就是一場耐力賽」。因為投資市場永遠不變的道理就是——投資市場永遠都在變。不管你是投資高手、老手還是新手，走完這場耐力賽並在終點成為贏家，其實都是一件不容易的事。

這本書，濃縮了哲哲30年來的投資經驗，告訴你只要持之以恆地買進0050，總有一天會享受到甜美豐厚的果實。加油，我們一起努力！

附錄

從7題心理小測驗，看看自己適合哪檔ETF

有追蹤哲哲 YouTube 頻道的人就知道，其實我陸續做了很多和 ETF 有關的節目。很多網友會在留言區問問題，哲哲把這些問題整理下來後，發現許多投資人的問題，其實是不了解自己到底適合哪一檔 ETF！

的確，不是我認為適合的 ETF，就一定適合你，因為每個人的性格、風險承受度都不相同。所以，本書最後特別設計了 7 題簡單的心理測驗，要來幫助各位了解，自己到底適合哪一檔 ETF！

★ 心理小測驗

接下來我要問你幾個問題，沒有時間限制，投資朋友可以慢慢思考，然後把答案寫下來。

1. 如果突然有一天中好幾億的樂透，你會怎麼做？

A. 存到銀行賺利息

B. 定期定額買 ETF，累積穩健報酬

C. 投入股票市場，希望能短期獲利

＊這題的重點在於，當你有天突然獲得一筆天降財富，會希望用什麼方法把這筆鉅額再放大。

2. 投資時你比較在意哪個部分？

A. 比較在意損失

B. 在意整體表現

C. 比較在意獲利

＊這題可以假想，如果你買了兩檔股票：台積電和宏達電，其中

台積電賺了 100 萬，宏達電賠了 100 萬，你心中會比較在意哪一檔股票的損益呢？

3. 你在做投資決策的時候，最重要的考量是什麼？

A. 希望是能保本的保守投資，並有穩定現金流

B. 能穩定成長

C. 能獲得高報酬

＊這題可以參考過去你買過什麼樣的標的。希望保本的投資人，最容易選擇的商品就是債券；希望穩定成長，會選擇的就是各種 ETF；希望高報酬的，就會在股海中炒短線，大殺四方。

4. 投資 ETF 時，你可以接受多少比例高風險、高報酬的電子股？

A. 25% 以下

B. 25% ～ 75%

C. 75% 以上

＊電子股百百種，其中華碩、廣達、鴻海這類屬於相對穩定保守的電子股；而 IC 設計族群，例如聯發科、智原之類，就屬於高風險高報酬的電子股，走勢上上下下，非常刺激。

5. 投資虧損時，會採取什麼行動？

A. 蓋牌刪 APP，不玩了不玩了……

B. 適時停損

C. 遇到大波動時考慮抄底進場

＊這題很直覺，純粹是考驗你的風險容忍度。

6. 你認同台積電是台灣最有成長性的股票嗎？

A. 不認同

B. 沒意見

C. 認同

7. 你愛錢嗎？

A. 夠用就好

B. 普通

C. 超愛，越多越好

★ 計算分數

恭喜大家，寫完這份心理測驗囉！接下來要教你怎麼算分數。

A 選項皆為 1 分，B 選項皆為 2 分，C 選項皆為 3 分。把各題分數通通都加起來後，就是你的總分了。最少會有 7 分，滿分是 21 分，看看自己屬於哪種投資類型吧！

總分	投資分類
7～10	保守型投資人
11～14	穩健型投資人
15～18	中立型投資人
19～21	積極型投資人

★ 投資標的分析

接下來就可以對照投資類型，看看自己適合投資哪檔 ETF 囉！

總分7～10，保守型投資人

- 00878（國泰永續高股息）
- 00713（元大高息低波）

保守型投資人最適合的 ETF，就是 00878 以及 00713。這兩檔 ETF 都有穩定的現金流，以及較低的期望淨值波動度。聽不懂沒關係，簡單來說就是這兩檔 ETF 的上下震盪不會太大，因此適合風險承受度低，並且希望有穩定現金流的投資朋友。

總分11～14，穩健型投資人

- 0056（元大高股息）

穩健型投資人最適合的 ETF，就是 0056。很多人可能會有疑問：哲哲，0056 和 00878、00713 明明都是高股息啊？為什麼會被分到不同組呢？

簡單來說，0056 的選股邏輯是預測未來的殖利率，因此容易選到景氣循環股。而景氣循環股屬於大起大落的股票，所以波動性比較大，會大賺也會大賠，因此適合風險承受度高一點點，但同時希望能夠獲得穩定現金流的投資人。

總分15～18，中立型投資人

- 0050（元大台灣50）

接下來，輪到中立型投資人。哲哲推薦的是我最愛的標的0050。0050不用多說，是全台灣規模最大的ETF。只要你看好台灣未來的發展就買0050吧！讓台積電、鴻海、聯發科、廣達、台達電等等電子大廠的員工，幫你一起賺大錢！

總分19～21，積極型投資人

- 0052（富邦科技）

最後，輪到積極型投資人。把賺大錢視為終極目標的人，適合什麼標的呢？我要推薦的就是0052富邦科技！一般投資朋友可能對這檔ETF沒有這麼熟，以下稍微作介紹。

富邦科技顧名思義，是一檔以科技股為主題的ETF，它的持股比例可以用「喪心病狂」這四個字來形容，為什麼呢？看看下面的表格就會知道：

0052 成分股	
股票	權重
2330 台積電	57.61%
2317 鴻海	5.59%
2454 聯發科	5.27%
2308 台達電	2.93%
2303 聯電	2.79%

哇賽！這檔 ETF 中，台積電占比超過一半，而且就快要突破 60%，幾乎整個 ETF 都是台積電的形狀！連 0050 的台積電占比也不過 46.1%，而 0052 又硬生生多出 11%。

就是這 11%，為 0052 帶來無人能敵的績效。不過，也因為 0052 重壓科技股，所以它的風險分散沒有其他 ETF 那麼好，幾乎可算是風險最高的。

但投資本來就是這樣，有一好沒兩好，不可能找到高報酬又低風險的標的。投資朋友只能仔細衡量自己的心理狀態及風險承受度，才能選到最適合自己的 ETF！

最後，還是那句老話，不論你適合哪檔 ETF、風險承受度如何，還是要在自己投資組合中配置一定比例的 0050 喔！（不懂原因的請再把書看三遍）最後祝大家投資發發發，跟哲哲一起賺大錢！

後記

讀者專屬優惠——
加碼哲哲兩大必賺絕技！

這本書詳述哲哲買進 6000 萬 0050 的心路歷程，我大賺 1151 萬，資產也成功翻到 7151 萬。

而這筆錢也沒有閒著，我在 2023 下半年開始買進 00687B 國泰 20 年美債 ETF，寫書的當下已經買進 9990 萬，未實現獲利超過 700 萬，只要在 YouTube 上搜尋「郭哲榮分析師」，並訂閱我的頻道，就可以隨時知道我的最新動作。

很多人問我，為什麼不繼續投資 0050，要轉進價格看起來沒什麼波動的美國公債呢？當然，哲哲有自己的考量，正如我在書中所說的，把錢放在銀行定存裡是很傻的一件事，ETF 是個更適合當作長期定存的投資工具。

至於選擇美債，是因為美國聯準會 FED 有機會在 2024 年展開降息，會帶動債券價格上漲。而美國公債又是所有種類債券當中風險最低的，幾乎沒有違約風險，趨近於 0。這項特質也讓美國公債成為股市空頭行情到來時，少數依然能賺進大把財富的投資商品。

更加詳細、獨家的內容，例如：股債要如何配置？哲哲看好哪些個股，能和ETF一樣進行長期投資？這些投資秘訣我會放在公司官網上，購買本書的讀者，只要用手機掃描QR CODE加入我的LINE，接著輸入關鍵字「我要哲哲秘密章節」，就會給你秘密章節的網頁連結囉！

秘密章節包含兩個主題：

一、必勝的ETF資金比例

二、我最看好的4檔電子股

內容非常非常精彩，含金量和這本書不相上下，甚至可能更高！看完這本書還意猶未盡的你，趕快掃描QR CODE觀看哲哲的獨家投資心法，一定讓你收穫滿滿！

國家圖書館出版品預行編目（CIP）資料

哲哲的 ETF 投資絕學：「下殺買、上漲賣」，左側交易讓我從賠 500 萬到賺 1151 萬！／郭哲榮著. -- 新北市：大樂文化有限公司，2024.06
192 面；17×23 公分（優渥叢書 Money；074）

ISBN 978-626-7422-29-8（平裝）
1. 基金　2. 投資
563.5　113005847

Money 074

哲哲的ETF投資絕學

「下殺買、上漲賣」，左側交易讓我從賠500萬到賺1151萬！

作　　者／郭哲榮
封面設計／蕭壽佳
內頁排版／王信中
文字整理／黃士庭
編輯協力／顏士堯
責任編輯／林育如
主　　編／皮海屏
發行專員／張紜蓁
財務經理／陳碧蘭
發行經理／高世權
總編輯、總經理／蔡連壽
出 版 者／大樂文化有限公司（優渥誌）
地址：220新北市板橋區文化路一段 268 號 18 樓之一
電話：（02）2258-3656
傳真：（02）2258-3660
詢問購書相關資訊請洽：2258-3656
郵政劃撥帳號／50211045　戶名／大樂文化有限公司

香港發行／豐達出版發行有限公司
地址：香港柴灣永泰道 70 號柴灣工業城 2 期 1805 室
電話：852-2172 6513　傳真：852-2172 4355

法律顧問／第一國際法律事務所余淑杏律師
印　　刷／韋懋實業有限公司

出版日期／2024 年 6 月 28 日
定　　價／300 元（缺頁或損毀的書，請寄回更換）
I S B N／978-626-7422-29-8